01

鬼
話
傳
譯
員

目錄:

目
錄

02

推薦序一：邵美君

我叫邵美君，是作者的戲劇老師。

戲劇訓練令我懂得如何觀察一個人的靈魂。縱使一個人如何熱愛演戲，如何懂得掩飾真正的想法，即使在生活上也用上演技，但總會不自覺流露出一點一滴的破綻，令人感受到他在掩飾某些真相。我眼中作者在課堂中流露出的神情並不是對戲劇的熱情，而是對他人的好奇，對別人的生命產生聯想。

上課時她會定睛地看著我，外表像是很留心地聽我講課，實質她正在看穿我的過去，又或是看穿我的靈魂。我在一次上課前剛巧碰到她，聊起她為何會學演戲，她告訴我成為舞台劇演員是兒時未了的心願。只是因為媽媽認為舞台劇演員缺乏發展的空間，所以主觀地否定了她的志願。她長大後決意要學演戲，似乎只是一個了結小時候的缺失的一個行動，她最熱衷的事始終是人本身。

自己喜歡演戲，是因為戲劇本身與人類的思考情感有莫大的關聯，接觸不同劇本，不同角色等於揣摩不同的生命體。越懂得演戲，便會越珍惜與人的交流，於是作為演員的我們鍛練了非常敏感的「五感」。而戲劇世界未能夠滿足作者的好奇。這是很正常的事，細心回想她著眼的不是五感以內的事，而是已經跨越了五感。她要聯繫的不單只用上聽覺、視覺、觸覺、味覺、嗅覺，還有心靈觸覺。

當你的興趣成為了你的專業，然後專業就會逐漸變成你的生活，當生活到了一種純粹，或建立了一定的智慧，你便開始願意運用你的智慧去幫助別人，這是最圓滿的生命影響生命。

有些人會選擇幫助小孩，有些人則選擇幫助動物，有些人選擇幫助老人家，但作者選擇了幫助靈魂，幫助一個無形或無聲，迷失但不滅的靈魂。

推薦序二: Samantha

成為沁而的學徒之前，我一直很害怕鬼，是因為我屬於「敏感體質」，又經常碰上靈體的人。還記得，小時候的我和爸爸夜出晚膳後，在凌晨時分準備搭升降機回家時，突然看到一個全身白色的女人貼着大堂的玻璃，面目猙獰地望着我。當時我驚恐萬狀，嚇得只想盡快跑回家。可能是我遇過不少恐怖的靈異經歷，心裏認定鬼就是恐怖的代名詞。有時我夜晚上廁所，會害怕有鬼從背後偷看我，甚至想像它們會撲出來嚇我。因此，我盡量會避免接觸關於鬼的話題，讓自己遠離那些駭人聽聞的恐怖情節。

後來我認為與其終日擔驚受怕，不如學懂如何保護自己及身邊的人。所以當遇上沁而，立即決定跟她學習靈體清送，希望自己有能力解決被靈體騷擾的問題。

當首個靈體清送練習開始時，我仍然膽戰心寒地認為會有恐怖的畫面出現。可是，當清送過程開始後，我的內在視覺出現了觀音娘娘的身影，與此同時感受到一份極為慈悲的能量包圍著我，頃刻我完全卸下了所有驚恐的感覺，只剩下實實在在的安全感。從此我成功克服了對靈體的恐懼，並對它們產生了一份慈悲心，尤其是當我了解到它們是被自己生前的執著所纏繞而不幸地卡在人間。

現在的我不再害怕靈體，而且能夠釋出同理心。全因明白它們與我們無異，生前都是有血有肉、有感情的人。身後亦不過回復到出生前未擁有肉身的狀態，你我亦必然經歷同樣的循環。當我改變了看待它們的目光，亦更加體會到為何觀世音菩薩希望更多人願意成為清送者。因為當靈體改變主意決定「回家」，也只能盼望有緣人的出現能為它們進行清送，否則便無止境地卡著，永遠到不了彼岸。

推薦序三: Felix Lau

沁而作為我的靈性導師/治療師/案主及朋友,她於我的靈性道路上扮演了至關重要的角色,更可以說是我的啟蒙者。我們在一個身心靈市集中認識,我跟她上的第一課就是靈體清送。沁而認為靈體清送的重點是要幫靈體得到解脫,把它們送回安息之地,讓它們的靈魂得到充分的療癒和轉化。

我們要了解和學習靈體清送,最重要是明白何謂「靈體」。在各種宗教文化,尤其是東方文化中,死亡一直都是人們避而不談的事。有關於逝者的靈魂,自然也是大眾所忌諱的話題。然而,不論社會地位高低、財富多寡,所有人皆要面對生老病死。正所謂他朝君體也相同,靈體的問題只在於它們卡了在不屬於它們的地方,就像我們都曾經於陌生地方迷失回家之路一樣。這樣想的話,「靈體」是不是更加「貼地」,與我們有所相同呢?

往深一步想,其實靈體和我們也沒有很大的差別。大部分的靈體都希望早日回歸天家,部分的 靈體則會因為業力、執著、不捨、憎恨、妒忌等原因而選擇留在人間。這些情緒和感受其實與常人無異,只不過我們無法親眼看見或親耳聽見靈體朋友的心聲。其實當我們放下對靈體的成見和恐懼,才能抱著慈悲的心去為他們渡過難關。

相信大家會從書中往後的內容得到更多啟發,在此我就不再細說,希望大家能好好享受《鬼話傳譯員》。

作者前言

作者前言

2013年，我離開了服務多年的傳媒機構。然後放了一個長達半年的假期，重新整理事業及人生方向。半年間我沒有做過太多事，卻看了很多滋長靈性的書籍，從此變得非常沉迷。

第一本啟蒙我進入靈性世界的書叫《我到過天堂》，內容講述一位醫生的瀕死經驗。她經歷了來回天堂又折返人間的過程。美國某串流影視平台的紀錄片《死而不亡》第一集的主角就是她的故事。

隨後幾年，我大量閱讀了有關身心靈的書籍，當中有一本由外國靈媒Linda Williamson記錄她做清送靈體工作的書。這本書成為我當今作為「清送師」的重要契機。

由能量治療到通靈占卜，我感恩一直遇到持法有道的導師，還有對我深信不疑的案主。我把握無數寶貴的機會去磨練治療及通靈技巧，不斷提升內在視覺和靈聽力。從中更令我發現自己有「閱讀前世故事」的天賦。

2017年，因為受到靈媒Linda Williamson做靈體清送的原則及大愛思維所啟發，我向宇宙發了一個念：「我希望可以幫助彌留人間的靈魂回到本源之中。如果有著機緣，我會誠心付出。」

不久之後，我聽某位講師朋友說起，她有義務地協助佛堂的靈體清送儀式及工作。後來，她送了一條碑碟唸珠給我。由於我對中式宗教不太熟悉，所以她向我詳細地解釋一切。碑碟原來就是觀世音菩薩手持的法器。然後她就直接教我清送方法，並吩咐我可以初一或初十五開始嘗試。

於是，我望穿秋水地等待那日的來臨，並且跟足她的指引。結果，那晚我閉上眼睛開始儀式時，我感受到一班很想離開的靈體和他們釋放出來的悲傷感。這股巨大的悲傷能量，令我當場哭了起來。雖然我沒有停下儀式，但我肯定沒有成功清送任何靈體。

因為清送者在清送過程中的大忌是情緒波動。而那次之後，我沒有再嘗試了。直覺告訴我做清送師的時機未到。我唯有繼續向宇宙發願，同時亦一切隨緣。

第一章 與靈師結緣

1. 突如其來的普陀山之旅

2019年，我在公司等待客人前來進行心理治療時，坐在沙發上放空，腦海中突然出現「普陀山」三個字。我內心泛起一陣疑惑，「普陀山」好像似曾相識，原來大概十年前我於求職時，某公司老闆和我提到去年的公司年度旅行，就是一起參觀普陀山。

那是我第一次聽到「普陀山」三個字，但我從不知道普陀山的廬山真面目，也不知道其實際位置，但估計應該是位於國內的一座山吧。

在腦海中閃出「普陀山」的一星期後，我突然收到一位國內朋友的訊息，這位朋友是香港人，早年她與國內的男朋友一起搬到深圳去發展事業，所以我近年很少與她敘舊。她突然傳訊息給我「你有沒有興趣去普陀山？」

六年沒見，她居然直接邀請我一起去旅行。我很興奮地回應她：「有呀，我早一段時間才想起普陀山，我也想去看一下。」朋友說：「那就好了，你什麼時候有空？」我看一看日程，就說：「我最快要兩個星期後才有空。」她回覆得很快：「那沒問題，你給我一個日子，我會安排機票及酒店。你到時在深圳和我會合，然後第二天早上出發，在那邊留兩天後，再回深圳玩吧！」

她快速地安排整個行程。而我則上網查看普陀山的資料，原來普陀山位於浙江省寧波附近。普陀山亦是中國佛教四大名山之一，是觀世音菩薩教化眾生的道場。我從來沒去過這麼龐大的佛教景點，最多只是大嶼山的天壇大佛，所以對這趟朝聖之旅翹首以待。

當我們到達普陀山時天清氣朗，一覽無際的青天讓人心曠神怡。我們在普陀山附近的一間精緻舒適的旅館安頓好後，便開始遊覽普陀山，四周都有多個殿，各有不同讓人供奉的觀世音菩薩像。一位園內的導遊向我們細心講解各殿的歷史，也講述觀世音菩薩的各個形相的故事，也教導我們如何供香禮佛。我們依從導遊的指示向不同的菩薩上香。最後我們去到普陀山另一邊的高處，那裡有一座很大型的南海觀世音菩薩像。我向菩薩娘娘祈求家人健康、事業順利等等。

還有，希望有緣獲得靈體清送的使命。

2. 第一個清送任務的出現

回到香港的第二天,我在公司處理一些文書工作時,突然心血來潮地想起一個很久不見的朋友,我便嘗試邀請他來個飯聚,他爽快地立刻答應了。

我們在餐廳閒話家常時,得知他最近認識到了一位師傅,並開始修煉密宗。同時他提及不知怎樣在生意上拿捏正確的決定。於是,我連結自己的指導靈,幫他詳細地問了一些工作上的訊息。

結果從指導靈得到的訊息完全合乎現實狀況,令他大感驚訝。他當刻才知道我有接觸「法科」,我說:「是呀!不過是西式的。我的指導靈是位大天使,它叫米高。」

他就說:「最近好像有靈體跟著我,這個你可以知道嗎?」我問米高,原來有四個靈體在他的睡房,並且他在每晚睡前都會聽到靈體吵吵鬧鬧的聲音。他知道那不是幻聽,皆因他的敏感體質能夠懂得分辨出來。

之後他就問我:「那你可以清理它們嗎?我還未學到有關的知識。」那刻,我就隨著直覺指引去詢問指導靈。它居然說我可以去做。並說:「你只要約一個日子,我們會從旁協助你,你已經有能力做到了。」於是我和朋友按指導靈的指示,約定了最接近的一個初一。

清送儀式要在朋友家進行。指導靈說要帶七支白蠟燭和家裡的硨磲念珠,到時會再教導我。

這件事發生在我參觀普陀山的一星期後,所以整個感覺相當奇妙。彷彿突然被邀到普陀山朝聖,是因為觀世音菩薩默許

了我的祈願。在山上為不同的菩薩像上香，就像一場正式跟
菩薩結緣並成為我靈師的儀式。

註: 指導靈Spirit guide: 人類在物質界以外，所連結的靈體，指導靈會為個體給予引導及保護。

3. 靈體清送初體驗

這是我第一次的靈體清送,與往後的清送經歷相當不同。

首先我的指導靈大天使米高,指示我用七支蠟燭,把廳中的一個位置圍起來,燃點蠟燭後進行祈請,讓七位大天使的能量降臨並形成結界。

大約十五分鐘後,我和朋友然後進入蠟燭圈裡,我和他面對面坐著,我拿起硨磲念珠。指導靈傳來訊息,我和朋友開始一起唸六字大明咒,同時我用意識去連結觀音娘娘。

這個儀式是以大天使的能量作結界,再連結觀世音菩薩的能量去進行清送,算是一次「跨部門合作」,實現真正的宗教大同。

之後,我連結了在朋友睡房的靈體,就在我閉眼唸經時,我的內在視覺看到觀音娘娘,並打開了一條白色的光之通道,而且看到靈體順著通道離開,最後通道關上,娘娘的身影也隨之消失,儀式正式完成。

朋友說他感覺到靈體是停止唸經前約十秒已經完全離開。對的,因為我怕清送還沒完成,所以靈體離開後,我持續多唸了約十秒的經文。

我很感恩第一次的清送經歷是和一個修練密宗的人共同進行,他可以同步感受到我見到的東西,可以佐證整個過程,並且見證了整個清送儀式。

在往後有一段日子,我都需要在指定日子並用上白蠟燭和硨磲念珠,才能進行清送儀式。後來不再需要蠟燭和念珠,

可以按平時的習慣，自行打開白光再唸咒。

最後，我可以隨時隨地打開光之通道，連結靈師的能量去進行清送。

這幾年間我很感恩宇宙和靈師讓我經歷不同的清送個案，使我迅速累積經驗，並掌握到靈體清送的點化要訣。

但每個學生的起步點都所不同，取決於學生們的靈力程度，及至與觀世音菩薩的連結深度。有些學生本身的指導靈就是觀音娘娘，甚至一出生與觀世音菩薩上契了。他們來這裡學習清送，學完就可以隨時隨地進行清送儀式，並且不會有日子及使用碑碟的條件限制。但有一些學生則需要按步驟班地實習一段時間，才可以隨時隨地進行清送儀式。其實靈體清送的技巧並不複雜，重點要花心思令學生用上正面心態去面對靈體，以及培養出作為清送師的慈悲心。

第二章 身體和靈魂的關係

一片虛幻

不過是滿眼空花，

全無是類，

撒手西歸，

怨憎會，

愛別離，

1. 出生之前

我在大學時期曾修讀過哲學課，曾目睹兩位同學對「人類是否有靈魂」展開哲學性的辯論。當一方面紅耳熱地否定靈魂的存在，認為腦袋才是生命的唯一主宰時，我的思緒同時漂流到中學的某天……記得有段時間家母特別鐘愛倪匡先生的科幻小說，令我好奇地問一位好朋友是否相信有外星人的存在。當時她不假思索地答相信。我很愕然：「難道你見過？」她的答案讓我先失望後驚喜。

她沒有見過外星人，但說「如果沒有外星人，根本就不會有『外星人』三個字的出現。」「必定是東西出現後，名字才出現吧，不存在的東西你可以給它起名字嗎？」就在那堂哲學辯論課結束後，我才感覺我的好朋友當年已經有很強的哲理思維。這個章節不是討論靈魂是否存在，而是解釋靈魂與身體有不可分割的關係。靈魂將意識賦予到身體內，身體讓靈魂在現實中實踐它的意識。

靈魂不會在受孕那刻就馬上進入身軀。絕大多數靈魂在出生前都不會長時間地留在身體。首先你想像一下本來自由自在的靈魂，突然要無所事事地屈縮在一個細小的子宮裏，是一件多麼沉悶無聊的事。再加上，它們要同時忙著為即將上演的人生故事作最後的準備。所以靈魂通常在出世前的一刻才會進入身體，身體和靈魂之間就會有一條無形的銀索把兩者連結起來，直到死亡來臨才會自然地斷開。靈魂只會在我們睡覺時才會短暫離開身體，相信很多人都試過差不多進入夢鄉之際，全身有時會有離一離的感覺，靈魂就是在那刻離開身體。

它每晚都會離開，有時返回天家見親戚朋友，有時會跟指導靈商討及準備即將出現的生活情況。

鬼
話
傳
譯
員

如果將身體比喻為一部汽車，那麼靈魂就是負責駕駛的司機。每個司機都希望把汽車保養得宜，汽車性能越完整，司機能去的地方就越遠。每個「司機」難得經歷一趟人生旅程，都希望多看幾個讓人心動的風景。可惜，秦始皇一早教會了我們世上並沒有長生不死藥，「吾皇萬歲」亦不過是一句口號而已。

2. 往生之後

當汽車耗盡最後一滴燃料之後，「司機」便要離開車廂，亦即身體與靈魂之間的那條銀索會斷開。然後上方會出現一條耀眼的白色通道，靈魂只需跟著光的方向走，便會到達彼岸的邊界。靈魂將會在那個範圍停留大約一周。

靈魂離開身體後的七十二小時內，肉體中很多原本用來支持靈魂運作的「能量程式」會逐漸被移除，所以我建議不要立刻火化或埋葬屍體，以確保靈魂和肉身所有能量上的連結都能被完全卸下。

當靈魂穿越光之通道時，它們會有什麼感受和想法？大多數靈魂都處於一種半睡半醒的狀態，並未真正意識到它們的身體已經壽終正寢。有些較為成熟的靈魂，瞬間明白自己已經仙遊他鄉，有的可能會感到如釋重負，尤其是生前一直被病痛纏繞的靈魂。

當靈魂成功穿越光之通道之後，它不會變成了另一個人。情況就像你由一個國家搬到另一個國家，移民之後你仍然會是你自己。

靈魂會於七天過後正式進入彼岸。此時它們對曾經在地球上的生活記憶會逐漸退去，然後靈魂會被帶到去一個印度人稱為Decachan的地方。我們叫它做玫瑰房，靈魂可以在那個非常特別的地方得到精神上的休息。靈魂可能會在房內睡幾個星期，主要目的讓它們休養並適應脫離物質世界後的新頻率。

當走出玫瑰房，靈魂會頓時感到神清氣爽。此時靈魂可以選擇返回地球並留下最多四十四天。大多數靈魂都會用盡四十四天去探望所愛的人，並且正式與地球說再見。

如果有未完成的心願，靈魂難免會感到遺憾。靈魂會回到生前所經歷過的地方探望親友。這會令靈魂泛起很多複雜的情緒。靈魂會為所犯的錯誤和未完成的事情感到抱歉，但同時亦會為所做過的好事感到無比自豪。當靈魂看到所愛的人悲痛欲絕，並試圖安撫他們，但他們再也聽不到它的聲音，這會令靈魂感到愛莫能助。

當完成地球告別式後，靈魂又再次回到彼岸。然後，它們將被帶到一個宏偉的療愈神殿。這個地方看起來像一座來自古希臘的寺廟。莊嚴神聖的神殿有一個宏偉的圓頂中心。這座建築散發著白色和藍色的光芒，大樓前有美麗的花園。指導靈會與你一起進入大樓，感受神聖之光的祝福。

來到這裡是為了讓靈魂接受各意識層面的深層療癒。一般來説，靈魂會在這裡停留大約兩個星期，生前不同的經歷會影響療癒時間的長短。當靈魂離開療癒神殿時，會感到煥然一新。

接著，靈魂會被帶到另一個宏偉的寺廟，並坐在一個特殊的房間裡。此時，靈魂已經準備好進行下一步——重新審視前世的人生。在這裡，靈魂可以親眼看到在上一世所做和未做到的事情。房間內有數個燃點中的巨大蠟燭，面前有一眾閃燿著聖光的存有與剛去世的靈魂一起回顧生前的故事。

這些存有被稱為業力之神主要負責管理神聖的因果法則。梵文術語是"lipikas"，意為天體記錄者或抄寫員，負責為人類記錄和管理生命之書。

在業力之神的面前有一張非常華麗的桌子。那張桌子上放著一本詳細地記錄了你在前世中所有經歷的生命之書，並準備為你回顧人生的高低起伏。

然後其中一面牆上有一個屏幕，前世中的關鍵時刻會巨細無遺地顯示出來。你會看到你的成就和失敗，還有看到你的行為背後的真正動機、你的想法和內心的感受。它們顯示了你的生活對他人的影響，無論是積極的還是消極的生前片段，你看到的一切皆是真面目。

靈魂對前世回顧有不同的反應，有些敬畏地看著整個過程，有的則感到難堪，甚至試圖推翻生前的回憶或為自己的行為辯護。之後，業力之神會告訴你已經完成或未能達成的人生目的和任務。祂們會特別注意你需要完成的事情。他們的目的是幫助你去解決你的業力，從而完成你的生命課題。

當靈魂與業力之神的會面結束後，靈魂就會離開神殿。此時，靈魂便可以盡情享受與彼岸上的家人、朋友甚至寵物重逢團聚。 你會發現靈魂之間的愛不會因生老病死而被分隔開。

註:

存有Being: 存在體，可指非物質的存在。

業力Karma: 行為的反應記錄，是因果的一部份，其所包含，是念、前世、今生。

第三章 彌留的緣由

無憂亦無懼

因愛生懼

離於愛者

因愛生憂

當靈魂與身體那條無形的銀索斷開後，靈魂會見到一道白色的光，只要順著光向上走，便會回到安息之地。

有時靈魂的親人或寵物會在光之通道口迎接靈魂回家。可是，隨著經歷死亡與轉世的次數增加使靈魂的數歲同步增長，並對出境過程變得越熟悉時，它們很清楚回家的方向，被接走的情況也會因而減少。

而較年輕或身體充滿大量藥物或酒精的靈魂，因未熟習回家之路或意識仍然處於受藥物影響的狀態，會對回家之路感到迷惘。通常遇到這類情況，靈魂的指導靈或親人都會特地在光之通道口等它一起回去，以免靈魂稍一不慎地卡在人間。

電影中經常出現: 某個角色遇上突發事故後不知自己已經過世，還懵然不知地留在原地。有少部份彌留在人間的靈魂就是屬於這個情況。

太突然的死亡使它們對離開身體的過程沒有明顯的意識。又或者當一個必死無疑的意外突發性地出現在眼前，有靈魂會選擇在肉身受傷前一刻急速「跳船」，以免靈魂留有創傷後遺，使來生出現不必要的心理陰影。可是，跳得太急的靈魂有時會誤以為自己仍在人世。

外國有靈媒受了家屬所托，需要經常出入醫院去確認失去意識的病人的靈魂是否已經離開人間。千萬別誤會靈魂有權提早放棄生命，靈魂與身體之間的銀索只會在「大限已到」及「返魂無術」的情況下才斷開。不過有一位靈媒親身見證病人大限已到但銀索斷不開的情況。病人重傷昏迷多日，靈媒進入病房後見到病人的靈魂在病房的角落正與「久別」的親人興奮地團聚。

一班過世多時的親人過來接它回去，但靈魂遲遲未能起行，皆因它的身體被注射了太多藥物去維持生命，導致銀索斷不開。後來靈魂想到方法： 它重新進入身體，並恢復少許意識，使家屬同意減藥，然後聰明的靈魂便順利離開身體。

在往生後的廿八日內，靈魂依然見得到光之通道。通常搞不清自己從「有身體」變成了靈體的靈魂很快會感覺不尋常，它的指導靈也會過來陪它回家，甚少出現「過期居留」的情況。

在這段因疫情而不能探病的時期，我遇過幾位客人的親人在醫院離世後，透過通靈才得知他們的靈魂忙著四出尋找親友道別，這些內在視覺見到畫面令我流了不少眼淚。

其中一次印象最深的是我朋友的姨媽在異地的醫院過身，朋友叫我幫手查看姨媽的靈魂是否順利出境。當我連結了醫院和姨媽的能量後，我見到姨媽的靈魂仍然坐在病床邊。原來姨媽說她在等外甥過來，但她忘記了當時醫院謝絕探訪。我提議姨媽外出去見外甥，但被姨媽一口拒絕。她原來怕回來之後那道光會消失了。 我馬上向姨媽保證，她回來之後那道光仍然會存在，姨媽說她要去幾個不同的國家探親道別，我知道她擔心缺乏足夠的時間，於是我答應每天都連結她的能量，直到她準備好，我便送她「 回家」。

後來到了第三天，我發現姨媽「失蹤了」，於是我馬上向靈師觀世音菩薩查問，原來姨媽完成探親旅程後，想著是時候回家之際，上方就出現了光之通道，姨媽已經了無牽掛地在彼岸休息了。

靈魂離開身體後與人一樣仍然有思考能力和感受，所以靈體最

似人的地方就是仍然有情緒和想法。在我與靈體溝通的過程，它們透過向我的內在視覺傳遞畫面，加上感應它們所發出的頻率，使我能清晰地感受到它們的情緒狀態，這通常與他們過身時的情感狀態相約。最重要靈魂一直保存生前的記憶，因為記憶從來都不只靠腦袋去盛載，還有靈魂的其中一個層面叫「靈性體」，它負責保存着生前的記憶。身體會死，但靈魂不滅可使記憶長存。

同時亦因為有記憶，因此深知自己生前作惡多端的靈魂會出現
拒絕「回鄉」的情況。它們彌留在人間是為了逃避面對生前所
犯的過錯，害怕會受到懲罰，更怕輪迴之後的下場。

同樣，靈魂都會記得自己無辜被害。我遇過幾個被謀殺的
靈體，它們對待兇手的態度不盡相同。唯一相似就是選擇留下
來，用自己的方法去伸冤舒鬱。

另外，靈魂亦會因為「不捨」、「留戀」生前的事或人而不願
離開，我遇過為情自殺的靈魂，它偏執地等待生前的情人前來
他倆的定情之地。它死後仍然深深不忿，想證明男人會掛念
她，會因為它的離開而後悔傷心。

在我立場而言，如果一個人生前過得到心靈滿足，死後是不會
留戀在人間。所有卡了關的靈體，都必定是因為生前所受的創
傷未被療癒，一直被傷痛的經歷困擾，到死後都放不下。

所以，我會特別提點靈體清送的學員：「清送師」需要用慈悲
心去理解靈體生前死後都有不為人道的經歷。「清送」是為了
讓這些靈魂得到解脫，在療癒之地接受淨化，並且得到安息。

第四章 敏感體質

1. 誤打誤「撞」

「敏感體質」意指身體氣場對靈體的能量特別敏感,例如當身處在有靈體出現的地方、被靈體觸碰到氣場、甚至被靈體黏連到氣場之內。身體就會出現頭痛、出疹、嚴重失眠等「信號」。通常當靈體被清送後,身體狀況亦會隨之 減退並消失。

我的朋友K是我畢業後初出茅廬時認識的同事。後來他成功升職,並且成為了我的上司。他經常能與下屬打成一片,同事皆 欣賞他積極樂觀的性格。即使他離職多年後,我們仍然成為朋友 。

我在大約兩年前有幸在某電視台的節目《晚吹》擔任嘉賓。當時我以心理治療師的身份,分享了自身的靈異經歷。例如:有客人以為自己思覺失調,但原來與靈體有關的個案。

當節目播出後我收到K的短訊,原來他也是此節目的忠實粉絲。雖然我倆相識多年,但他從來不知道我有靈力,也沒有討論過任何靈異話題。因為這個短訊,讓我發現他原來有不少令人毛骨悚然的靈異經歷。我們彷彿在對方身上發現了新大陸。

然而,K在半個月後的某天一覺醒來後發現自己左邊出現面癱的症狀,便即時到急症室求醫。經過醫生的診斷後,認為是神經線受病毒感染,出現類似「生蛇」的情況。可惜未能肯定病因,可憐的K只好領藥回家休息。

內心忐忑不安的K聯絡了我,希望我可以向他的指導靈詢問當前狀況。他的指導靈著急地解釋K面癱並非身體抱恙,然後向我的內在視覺投射了幾個畫面: K出現面癱前的兩晚,他曾經碰撞了徘徊村屋附近的靈體。

K即時確認面癱前的兩晚,與朋友相約在村口旁附近的公園。

他們整晚杯酒言歡，但他回想當時身旁的氣氛並無異樣。

K的媽媽得悉他患上怪病後，便到紙紮鋪「查日腳」，驚覺當中的信息與指導靈近乎吻合。紙紮鋪建議她去燒街衣，同時我嘗試為K處理面癱的問題。

今次我向自己的指導靈詢問，然後看到一個當晚的畫面： 一個靈體高速在K身邊走過時，不慎撞到K的半邊身體。

這下突如其來的衝撞，立即劃破了K的氣場，甚至震懾了身體內的神經線、細胞和血管。當大部份人經歷了這類衝擊顫動後，身體都有自我調節功能，能迅速回復正常的狀態。可是，K的體質異常敏感，某組神經線對外來能量「突襲」產生明顯的反應，導致久久未能恢復。

當我了解整件事的來龍去脈後，就開始用能量治療為K進行療癒及修復。由氣場修補開始，然後釋放整個身體內的驚恐及受干擾後的負能量，最後到神經線激活。經過連續幾天的修復，K的情況明顯好轉，面癱情況亦逐漸消失了。

2. 檢疫酒店的困獸鬥

我於2020年尾首次與客人Ken見面。當時他是為以下兩件事而過來。

第一件事,他在有親人離世,想知道親人的靈魂是否已經順利到達彼岸,他擔心會否有任何原因令親人靈魂未能到達目的地。

另一件事,他早前成功獲批加拿大的移民簽證。可惜因疫情肆虐令加拿大實施封關政策,使他一直滯留香港。Ken心急如焚,所以希望通過占卜來預視移民的前程。

首先我感應到Ken的親人未能「出境」,於是我立即連結靈師進行清送。

然後,我再從Ken的指導靈得到訊息:他將會在兩個月後順利抵達加拿大。

而加拿大真的在一個月後向外國旅客開關,我開始替Ken擇日子購買機票,並為他們占算最合適他們的航班、出發時間及隔離酒店,確保務求整個旅程一路順風,不會出現預期之外的情況。

當Ken兩夫婦順利到達加拿大後,我透過視像通話得悉他們已經辦妥加拿大的事務,準備回港處理孩子、傭人、賣屋等事宜,說好會再次聯絡。

誰知我卻提早收到他們的來電,當時他們身處香港的隔離酒店,我們寒暄幾句後Ken的太太Winnie突然問:「黃小姐,你能否感應一下這間房的能量?適合我們住三星期嗎?」於是,我嘗試感應那個房間,驚現有靈體在房內「staycation」。

於是我立即把靈體清送，然後我們自然地轉換了話題......

事隔差不多大半年，Ken一家人終於順利移居加拿大。

有日我邀請Ken為我的服務撰寫評語。當我以為他會對我的占卜服務讚好時，我收到的竟然是：

「沁而，真的麻煩晒你！我地在隔離酒店被困21日，頭痛、頭暈、作嘔...仲以為喺食物中毒搵你check一下發覺原來有朋友在房間內。經過裡的清送之後成個人立刻正常番，非常多謝。」

當我看到他的評語後，令我感到相當愕然。因為接到他們的電話時，我以為他們可能在房間聽到古怪的聲音之類，直到清送完成之後，我仍然懵然不知Ken已經連續數天受了身體上的煎熬。

此事才令我發現Ken是屬於敏感體質的人。

以上只是有關Ken敏感體質故事的序幕。他在加拿大生活的經歷才是真正的「戲肉」。

我相信大部分人都有聽過，甚至親身經歷過不同的酒店靈異故事，特別是泰國的靈異故事。坊間亦流傳一些酒店禁忌，例如最基本入房前要先敲門或按門鈴通報一聲「我要進來了」，好讓靈體自動離開。這個動作無疑是一個禮貌的舉動，但禮貌不等如是有效的保護。根據我的理解，它們在大部分情況下都會選擇與你做室友。

除了要有禮貌之外，我們都需要為自己準備保護。以下為大家提供「酒店護法三寶」作為參考。

第一寶：一包黑曜石。

把黑曜石放在床頭旁的矮櫃上，它有辟邪、清除負能量之用。不需要晶柱狀的黑曜石，只需要幾十粒原石便可。

第二：浴鹽/食用鹽。

浴鹽：浸浴時直接使用。若果浴室只得企缸或沒有浴鹽，可用食用鹽代替。淋浴清潔後，把食鹽當作磨砂塗抹在身體上，用雙手輕輕的揉搓，然後沖水即可。

鹽具有潔淨氣場、增強保護力的效用。有時候，客人不幸中了輕微的黑魔法，我都會建議利用浴鹽浸浴或食鹽來洗身，從而潔淨氣場、修復能量。

第三：鼠尾草或聖木。

若平時有薰燒鼠尾草或聖木的習慣，可燃點少量並繞著房間走一圈，薰一薰每個角落，以淨化 房間，消除負能量。當然，請你不要燒至煙霧彌漫的效果，否則會驚動房內的煙霧探測器。

以上都是淨化空間、增強自身氣場的有效方法。如你有相熟的法科師傅，並且要出遠門前，也不妨請他們為你的氣場，甚至酒店房間做一個「結界」(enchantment / magic circle)。「結界」是建立一道高能量的屏障，將靈體或負能量隔絕。

3. 成為它的艷遇

我有一班相知相惜多年的朋友，其中一個叫阿仁。雖然我們私底下互動不多，但每次見面聚會都可以暢所欲言，盡興而回。

我記得有段日子每次見到阿仁，他總散發着一種疲倦不堪的感覺，平日俊朗的臉上掛著深深的眼圈。我有一次終於忍不住問:「你最近睡不好嗎？怎麼黑眼圈越來越深啊！」

他回答:「我每次躺在床上，都要輾轉反側才能入睡。又比較易醒，很難進入深層睡眠。」

於是我直接連結他的指導靈一探究竟，誰知原來阿仁的睡房有個女性靈體，他的指導靈希望我跟「她」交涉一下，並且在可行的情況下安排清送。

我馬上連結那個「她」，感應到它大約三十餘歲。我問:「為什麼你會黏連着我的朋友呢？」

它答得很直接:「我在卡拉OK遇見你的朋友，看他輕鬆自在的樣子，我便喜歡他了！」我感受到她散發出愛的頻率。

與此同時，我內在視覺開始出現它生前的某些畫面。

它當年是個歡場女子，因感情問題而了結生命。靈魂於離世後繼續流連於酒色場所尋歡作樂。

我想著阿仁的眼圈，問它:「你有做過什麼影響他的健康嗎？」

它笑著回答：「沒有啦！沒有啦！沒有什麼事的，我只是和他睡。」我很詫異地問：「你和他睡？這是什麼意思？！」

它：「我跟他一起睡覺啊。」

我再追問：「你是指你們睡在同一張床？」

它帶點沾沾自喜地說：「對啊，每晚我們都同床共枕。」

由於以上對話是我透過內在視力和靈聽力進行，在旁的阿仁只見到我一直搖著靈擺，知道我正在通靈為他查探失眠的原因。當我向他轉述「每晚你的床邊都有一個你見不到的女人陪你睡」時，他頓時目瞪口呆，有如演出名畫《吶喊》的畫面。

當阿仁回過神來後，他恍然大悟地說：「大約由一兩年前開始，我總不能在床上躺平地睡。我一定要側身、甚至貼著牆壁才能入睡。如果我平躺或躺到床的另一邊，就會一直睡不著覺。」

我即時安撫他說：「別怕，我幫你問它是否願意離開。」

它表示願意接受清送。然後我把它送上光之通道，順利地回家了。

阿仁於一個月後告訴我，他比以前更容易入睡，不過可能已經習慣側身睡覺，所以未能一時改變入睡姿勢。直到幾個月後，阿仁終於可以以任何姿勢任意入睡。

話說回來，它說自己沒有做任何影響阿仁身體健康的事，只是她不知道自己的頻率已經嚴重干擾著阿仁的氣場，更拖垮他的睡眠質素。

4.「你阻住我行山！」

這個故事的主人翁仍然是阿仁。

他上次的經歷，嚴格來説根本不屬於「敏感體質」反應。

讓我由「氣場」開始解説。首先，我們的氣場平均有六吋大。我們的身體是圓心點，那麼我們的氣場大約延伸至直徑六吋範圍。某些有修行修道的人，氣場可以大一倍。

因此當你與不熟悉的人站得太近時，身體會下意識保持距離，尤其是雙方能量差異很大時，身體的排斥會更大。

阿仁的上一個糟遇（糟糕的艷遇）正是好例子。由於「睡左他床邊的女人」大幅度重疊他的氣場，因此他的身體要靠牆去避開負能量才能入睡。

但阿仁自從經歷過上次的「被陪睡」事件後，他的體質（能量外侵反應）好像「進化」了。

阿仁近年熱衷於行山，他幾乎每個週末都會和朋友相約出行，而且不斷挑戰難道高的行山路線。有一次，阿仁行山回家後便開始發燒。

發病的第二天，他感到有點不對勁。雖然他有發燒的症狀，但沒有傷風感冒的病徵。他開始回想自己過去幾天曾經做過的事。亦因為經歷過「被陪睡」事件，令他開始從「靈異」的方向思考。

接著，我收到阿仁的短訊，我便向他的指導靈查詢。結果一如阿仁所料，他在行山時遇上一對帶著孫子孫女的爺爺嫲嫲。

我嘗試與爺爺進行真誠的「對話」:「我朋友是否冒犯了你們呢?」

當刻我感到「爺爺」暴躁的性格。它不耐煩地回答:「你朋友走得太慢,阻著我趕路!」我頓時感到不好意思:「我代朋友向你道歉!」

爺爺仍然很生氣地説:「就是嘛!山路狹窄,我又帶著一家老幼,你朋友不斷擋着我去路!我只好使勁地把他撞開!」

我表示明白,亦循例問「你們想離開這裡嗎?」爺爺竟然爽快地説好。

我清送了爺爺一家四口後,便向阿仁簡單地講述事情的因由,他表現平靜,沒表示任何反應。翌日,他告訴我已退燒了。

本來事情就此告一段落。

但我心裏一直有個疑問:其實以阿仁的行山經驗,他的步速應該比其他人快。那到底是爺爺超乎情理地趕急還是他生前是越野賽代表隊呢?

後來我再次與阿仁見面時,按耐不住問:「那次你們行的山很崎嶇、很危險嗎?所以要放慢步速來走?」

他顯得有點不好意思:「其實那天,我們沿路不斷拍照,我自拍一下,又幫朋友拍一下。到下一個景點,等朋友自拍一下,我們又合照一下……有時停下來拍一下風景……就這樣走下停下拍來拍去……我承認是有點阻塞通道的……」哈哈!

真相大白了！

5. 一位好爸爸

隨著近年香港的社會氣氛有所改變,使許多準備移民的客人找我為前途問卜。我連結我的指導靈和靈師觀世音菩薩,為客人擷取有關當下及未來的訊息。

由於外國的封關政策導致有很多不確定因素,移民客通常圍繞以下幾個問題: 選擇航班及出發日期。他們也會問有關住屋、求職、升學的問題。

以下的案主是我兩年前認識準備移民澳洲的客人阿樂。他在整個移民到澳洲的過程都十分順利。

但三個月前突然收到阿樂的短訊,説他和太太需要回港辦事。由於事出突然,令我一度擔心他們是否遭遇什麼狀況。幸好,原來只是要處理一些私人事情。

他們回港一星期後相約我吃晚飯,當我在餐廳內查看餐牌時,阿樂接了個電話,我隱約從在他的對話中聽到要找一個免疫科的醫生。

他掛上電話後,我好奇地問:「發生什麼事?你自己抑或是替朋友找醫生?」他歎了一口氣:「是我需要看醫生。」

我有點驚訝:「為什麼你需要找免疫科的醫生?」阿樂向我和盤托出他最近的困擾。

原來他的背部出現了風癩,並且從未經歷過如此嚴重的程度。他向我展示了一些求醫時拍下的 照片,驚訝地發現原來她整個背脊都長滿了紅疹。

他無奈道:「我已經用過很多不同的針藥,但沒有任何減退跡象。

醫生懷疑是免疫系統出現問題，所以建議我我向專科求診。」

在他訴說病情的時候，我腦內有個強烈直覺——此病不是身體層面的事，以我認識的阿樂，他的心理及精神狀態都不會引起強烈的免疫系統疾病。
於是我主動提出：「不如我連結你氣場查看一下。」

原來阿樂在離開澳洲前一個月，遇上了「一家大小」。一位單親媽媽和一對子女。它們「一家三口」黏連着他回到香港。

即是說阿樂被黏連大概七天後，其氣場已大幅受損因此身體出現如此強烈的反應。

當時我認為情況危急，便即時連結「一家三口」，並循例地問：「為什麼你們要黏附着我的朋友？」

「單親媽媽」簡單的回答：「我覺得她是個很好的爸爸！」

的確！阿樂是兩子之父。

它覺得「與阿樂一起」的感覺很舒服，從阿樂身上看到了一些前夫的影子。這些昔日熟悉的感覺令它們一直黏附著阿樂，甚至來到了香港。

可是，這段「單戀」決不能繼續下去！

我向「單親媽媽」提出為他們進行清送，並且在得到他它們同意後打開光之通道，把它們送走了。

儀式完結後,我用能量療癒幫阿樂修補氣場。三天後,阿樂再次聯絡我:「沁而,在你完成清送儀式後,我的紅疹真的退減了一大半!非常神奇!」

不過奇怪的是,退疹後幾日,阿樂出現「復陽」的情況,他的心情又再次變得忐忑不安。

由於我從未遇過這種情況,我問阿樂:「你可以到我公司來,讓我看看出疹的情況嗎?」他爽快答應。

阿樂背部的紅疹本來已退掉大半,但突然又再增生。

我安撫他:「別怕,大概因為你的身體還在適應當中,需要一點點的時間才能完全康復。放心。」

的確,當我們持續被數個靈體黏連一段時間,我們的氣場會受損,生理上亦會因氣場受損而出 現狀況。

我為阿樂調配了一樽巴哈花精,用來塗抹於背部出疹的位置。

大概一星期後,阿樂的紅疹完全消退了。

我們以為可以放下心頭大石。

怎料,當阿樂回到澳洲後又再出疹。我們都估計他可能在飛機上又遇到靈體。

我再次連結阿樂的氣場,我的內在視覺看到飛機上有一對「外籍小兄妹」。它們愛上了阿樂的「好爸爸」頻率,最後,我又

重複了清送工作。

由此我發現阿樂是個敏感體質的人，所以我為他建立了一個防靈體的結界。但結界的保護性能量會隨時間流逝而逐漸被消耗，尤其近年比較多人離世，因此我通常請做了結界的客人，每隔半年向我分享近況及為他們檢測結界的能量值。

根據我為客人建立結界的經驗，結界的消耗速度從2019年開始便極速加快。例如我以往在農曆六月為屋主建立結界，七月節過後結界只耗損了三成。可是近年的消耗度是可以高達七成。

最近兩年，我都會在農曆七月節為願意離開的靈體進行清送。曾經試過一天有六位數字的靈體過來接受清送。後來靈師觀世音菩薩「通知」我，她會指引那些想返回本源的靈魂去到一個「出境等候區」，並指派「清送師」定期負責清送。現在我隔天便會去「等候區」工作。

第五章 能量相吸

1. 放不下的婚外情

有一天，朋友Betsy說她最近一星期都陷入失眠狀態。因為她聽我提及過一些靈體清送的個案，知道失眠或身體上突然出現某些狀況，可能跟「敏感體質」有關。我即時連結她的氣場，感應到一位女性靈體黏附著她。於是，我連結了「那個女生」的能量，誠懇地問：「我朋友是否做了什麼冒犯你的事？」

它回答:「沒有，我有天在中環遇見你朋友獨自一人在外出午膳，我便開始黏連著她。」我的內在視覺開始浮現它生前的一些片段和重要畫面。它開始訴說自己的故事:

時間回到九十年代初，她在中環一間銀行工作，上司是她的男朋友，但是個有婦之夫。因此她是個沒名份也不能見光的女人。由於父母重男輕女，一向偏心弟弟，因此她從小與家人關係疏離。後來，她發現自己懷有上司的孩子，但男人清楚表明不會與妻子離婚，還要求她去墮胎。她頓時心灰意冷，決定辭職分手。經過短時間的考量下，她最終獨自處理了腹中胎兒。

自從墮胎手術後，她一直處於消沉的狀態。失戀、失業、失去孩子，加上不斷受到家人向她索取金錢的壓力下，她開始被抑鬱的情緒吞噬，最終萌生自殺的念頭。

她離開人世後，一直被不捨不忿的情緒纏繞。每天在中環遊離浪蕩，看著那個男人上下班。早些年，還會看到男人的太太帶着孩子來接他下班……如是者就過了二十年。

我內心感到相當婉惜，並問道：「他有拜祭過你嗎？」我感應到它搖頭。在整個「交流」過程，它一直釋出沮喪和無力感。

我:「如果你願意離開，我可以送你一程。」它說好，然後我

連結靈師為它進行了清送。

一切完結後，我向Betsy簡單轉述:「靈體離開了，你可以留意睡眠狀況有沒有改善吧！」幾日後，Betsy回覆我她睡眠狀況回復正常了。

然後我問她:「你跟Alfred仍然有聯絡嗎？」

「最近又突然聯絡起來」她說。

我問:「又是那種『Betsy，我發現我仍然好愛你』的對白？」

Betsy:「對呀，還有……仍然不會離婚！」

那刻，我們同時笑了。

Alfred是Betsy前公司的老闆，他們當年擁有一段地下情，直至Betsy離開公司才正式分手。其實我本身對Betsy和Alfred的狀況沒什麼想法，但當我進行清送後，才發現Betsy與黏連她的靈體的經歷是驚人地相似...

2. 受靈體愛戴的社工

紫詠是一名年輕社工，主要負責跟進家暴個案。

她父親是一名氣功師傅，所以她從小便開始接觸自然療法，又對靈性層面的東西都頗感興趣。她經朋友介紹下，過來學習靈擺及脈輪療癒。

由於我與紫詠的正職背景相近，所以當我和紫詠一對一的課堂時會有許多關於工作上的私人交流。

有一天，紫詠傳來訊息:「沁而，我發現有靈體跟着我。」，並且她已經向自己的指導靈確認這個事實。

她問:「我現在該做什麼呢？」

我馬上連結紫詠的氣場，看到有幾個靈體黏連着她。

我二話不說問靈體:「你們想離開嗎？」它們表示願意，我打開光之通道，把它們送回本源。儀式完結後，紫詠立即透過她的指導靈去核實靈體已離開了。

紫詠沒有問起她被黏附的原因。我亦沒有如一貫程序般問靈體為何「看上」紫詠。可能是紫詠沒有提及任何身體不適的症狀，加上事出突然，所以我未了解事情的來龍去脈，就急著進行清送。

事隔一個月，紫詠再次傳來訊息:「我又發現有靈體黏連着我！今次靈體的數目頗多。」這次，我先問紫詠:「你是如何發現它們的？」

紫詠回答:「　我也不知道。我覺得整個人的氣場有點怪,能量有點不對勁,就是一種感覺吧!」然後,我重複相同的一套動作,再次把靈體清送了。

但我還是忘記向靈體詢問為何黏附紫詠。

儀式完成後,紫詠回覆我:「沒問題了,我感覺到氣場已經平復下來。」然後,她自己替修復了輪位及氣場。

再相隔幾個月,我再一次收到紫詠的短訊:「又有靈體啊!」那刻我望着電話螢幕感到非常驚訝。

我相當不理解為何靈體會如此頻繁地「看上」她。我問紫詠:「你最近感覺如何?」

紫詠坦誠地回答,她最近感到很抑鬱,經常會萌生尋死的念頭,而且這種感覺越來越強烈。當她意識到這個狀況後,她立即查看一下,果然又再次被靈體黏連着。

今次,當我連結她的氣場後,發現有大約二、三十個靈體黏連着她。

這次,進行清送儀式之前,我認真地向它們查問離世的原因,它們給我同一個答案:都是自殺的。

那一刻,我的感覺就像「謎團已經解開」一樣。

我在推斷: 因為帶著自殺能量的靈體能量影響了紫詠的情緒及頻率,令到她產生了輕生的念頭。於是,我很快進行了清送儀式,

然後把整件事告訴紫詠。

怎料，紫詠跟我說：「其實我最近這一年生活得不太愉快，意志消沉。亦因為這個原因，所以來跟你學靈擺調頻。希望嘗試療癒自己，提升自己的能量。」

紫詠繼續向我透露，近年接二連三發生令她不知所措的事，令她真的想過結束自己的生命。那刻我才意識到，原來我把此事倒果為因，本末倒置了。

靈體黏連着紫詠的真正原因，是她自身的消沉情緒，並且帶着想了結生命的能量，從而吸引了一群有相同頻率的靈體。

紫詠的朋友圈子不大，也不敢主動找好友傾訴，怕朋友為她擔心。然後，紫詠將自己的人生故事娓娓道來。

同時她的指導靈卻一邊向我內在視覺投射畫面，我感應到那是紫詠前世的片段。意思是，現時困擾着紫詠的某些經歷，與她某些前世經歷有因果關係。

我繼續耐心聆聽紫詠的敘述，並直接向她建議進行前世回溯，讓她可以自行查看前世中未被解決的事。

紫詠欣然接受並前世回溯及相關的療癒。

（有關「前世回溯」，將會在我的下一本書《靈魂輪迴研究所》內有詳盡的解釋和個案分享）

療癒過後，紫詠有更強的洞察力去重新檢視自身的經歷，情緒

和行動力都有正面的轉變，我為她感到非常欣慰。

然而，不久後我又收到紫詠的訊息:「沁而，不好意思，真的不好意思. 我..」

相信你們都能猜到紫詠想說的是什麼吧。

「我又發現，又有靈體黏連着我！」

我失笑了，問她:「你最近有沒有胡思亂想？」

紫詠大感無奈:「沒有了！真的完全沒有。我也不知為何會出現這個情況。」

接下來，我連結她的氣場，果真見到一個靈體:「但這個靈體正對着我微笑！我感覺到它應該是你的朋友，你最近是不是有朋友離世？」

紫詠說:「兩年前有一個叫Oscar的朋友離開人世了。」我:「它看上去大概是一個廿多歲的年輕人。」

然後紫詠用靈擺向她的指導靈確認了，靈體就是Oscar。我開始與Oscar對話。

它告訴我，因為它仍留戀着自己過去的人生，亦不捨得身邊的朋友，所以選擇一直留在這裏。 不過，最近終於覺得是時候要走了，所以特意前來道別。

我把整段對話轉述給紫詠。

原來Oscar是因癌症而離開的，由發病到離開，不過短短幾個月時間。　Oscar生前人緣好，是名運動健將，亦正準備修讀博士課程。他的離世大家都感到很突然。清送儀式前，紫詠在內心向Oscar訴說了一番話，亦感謝Oscar過來道別。

那夜我獨自回想，當日發願希望成為「清送師」的初心，原本只希望靈體可以回到屬於它的地方，並得到療癒並安息。但經過紫詠和Oscar，令我對清送及通靈工作有另一種體會。清送令往生的得平安，通靈為在生的找答案。

3. 祝你來生幸福

有一天，好朋友霖霖來電：「沁而，我有個教徒朋友覺得自己好像遇上靈體，你可否幫她查看一下？」

「當然可以，你朋友叫什麼名字？」

「她叫Sally。」

掛上電話後，我馬上連結Sally的指導靈然後得到一些訊息。我回覆霖霖：「你問一下Sally，她最近是否跟家人吵架？」

因為我從內在視覺看到： Sally在巴士站等車時回想起與家人吵架的片段，她在整段車程都悶悶不樂。

霖霖即時說：「有啊！她曾與家人吵架，已到了氣氛僵硬的局面。」接著，我再說出其餘所見到的畫面——

Sally下車後並沒有直接回家，反而在車站附近的公園呆坐了。由她在等巴士的一刻就有位「伯伯」留意到她，並一直跟著她上車，然後陪著她在公園呆坐。當時Sally散發出很大的孤獨感。

我對霖霖說：「你先把這件事告訴Sally，看看她會否想進行清送儀式，因為她可能會有宗教上的考慮。」

霖霖回覆我，說Sally希望與我直接傾談。

我簡單地詢問Sally的情況，她最近跟家人討論社會事件，但意見分歧而變得很疏離。

我告訴她，我感應到「伯伯」生前與親友很疏離，最終是孤獨終老，這種孤獨感也一直伴隨著它。最後，Sally同意進行清送儀式。而「伯伯」亦順利「完成出境手續」返回「鄉下」。

但送「伯伯」離開之前，Sally突然問我:「 你可否替我轉達一些訊息給『伯伯』？」

「這當然可以啦」我其實有點驚訝。

「請告訴『伯伯』，我希望它離開之後不再感到孤單。如果真的有來生，希望它跟家人相處融洽，生活順心。」從Sally在電話的聲音中，可以聽到她的誠懇。

雖然Sally被「伯伯」黏連而引致持續頭痛，但當她了解「伯伯」生前身後的經歷之後，她主動送上祝福。當下的我非常感動。

從這個案中，我感受到人性的真、善、美。這也是我做清送師以來其中一個印象深刻的個案。

4. 酒精麻醉過後

年輕的Ron有日向公司我私訊有關他長期酗酒及出現幻聽的事。

他表示想進行心理治療，過程中提及原生家庭的經歷及困擾。Ron年幼時遭遇父母離異，使他一直跟隨母親相依為命。可是，由於媽媽工作忙碌，因此Ron從幼稚園開始一直都要寄居於不同的親戚朋友家中。幸運的話，媽媽會每星期接他外出渡週末，但這種幸運非常罕有，通常一個月只會發生一次。

Ron不斷被送到不同的家庭暫住，形容自己有如「人球」般被踢來踢去。他童年內心最渴望的就是媽媽接他回家的一刻，使他認為要珍惜和媽媽相處的每一秒時光。

當Ron升上中學後，他的「人球」生活終於結束了。因為媽媽終於有一段相處穩定的愛情並且與男友合租新屋，而且她的男友也接受與Ron一起同住。突然間，Ron和媽媽回復到正常的母子生活，但Ron需要適應他們母子之間多了一個男人。

可是，Ron跟這個男人相處並不融洽。每當媽媽嘗試調停的時候，更加會演變成三人罵戰的局面。當Ron就讀高中的時候，開始懷疑自己的存在是他們的絆腳石，因此他萌生過離家出走的念頭。

誰知在同一時間，媽媽決定與男友結婚。

媽媽的男友變成了Ron的後父，使他更深信自己沒有存在價值。

Ron開心終日與朋友流連在外，慢慢養成了飲酒的習慣。

起初他只是與朋友外出才會飲酒，後來更會在房內獨醉。這情

況持續了十多年，Ron每晚要飲兩支紅酒後才能入睡。

這些年Ron因醉酒而不斷闖禍，亦惹來不少官非。他一直很想戒酒，但又感到無能為力。直至最近發生一些事，令他決心尋求協助。

Ron聲稱他多次聽到家中大門開關的聲音，但當他走出大廳查看時根本沒有人。更耐人尋味的是，他甚至試過聽到雪櫃門關上的聲音。

他曾經問過媽媽和後父，他倆沒聽到任何聲音，因此他開始懷疑自己出現幻聽。

由於Ron早前從我參加的電視節目中得知我曾經為客人治療「幻聽」，因此他前來找我查探自己究竟是患上精神病，還是被神秘力量影響。

其實，早在他描述情況時，我已聽到指導靈給我的答案。

但由於他同時有兩個不同的考量，所以我首先為他做了問卷及評估，結果顯示他並不符合患上思覺失調。

Ron頓時感覺如釋重負。

接著，我替他進行另一種「臨床檢測」。

我的內在視覺看到他家中有三個靈體。Ron的指導靈給我解說他們三個生前都是因酗酒導致意外而離世的，分別是墮樓、醉酒駕駛及酒精中毒。這三個靈體各自在Ron消遣娛樂時遇上他，

然後便一直黏附着他。

由於我們的思想及身體狀態所散發出的頻率，會構建成屬於我們的氣場，因此當我們接觸酒精後，氣場也會散發出酒精的能量。

如果靈體離世前身體正受著酒精影響，甚至死於酒精下，靈魂便會對酒精有特別大的渴求。因為酒精的頻率曾經使他們感覺良好，所以生前死後靈魂對酒精都會一樣依賴。

Ron絕對是被這類靈體黏附的好對象，所以他們幾乎每晚都可以從Ron的氣場感受酒精頻率所帶來的快感。

接著，我向那三個靈體提出清送建議，他們表示同意。我連結靈師完成了簡單的清送儀式，儀式完結後，我和Ron認真談及他的成癮問題，他最後決定接受戒酒療程。

望著他離開我公司時的背影，讓我想起一句說話:「幸運的人用童年治癒一生，不幸的人用一生治療童年。」

5. 孝順、濫藥、掙扎

有日我突然收到短訊「我最近入睡前都會出現幻聽或是幻覺，有時會看見一團灰黑色的能量在床上圍繞着我。我好像會聽到那團能量互相交談。」這句對白出自於多年前我參與義工活動時認識的Paul。

Paul給我的感覺是一個很積極、願意主動關心老人家的中年男士。經過幾次的義工活動相處後，我們加深了彼此的認識。

當Paul知道我從事有關心理治療時，他便坦誠地告訴我在過去十年都有濫用藥物的習慣。

後來義工計劃完結後，他和我仍偶有聊天。直至近年，我知道他有借助宗教信仰去戒藥，而我亦有分享我在靈性層面上修道的故事。

當我知道他有幻聽及幻覺後，我嘗試連結Paul的氣場，頓時發現有八個靈體黏附着他。

原來他們都是因過量服用藥物而不幸離世，所以他們渴望黏附着一些沉溺藥物的頻率，從而滿足生前的慾望。

能量相吸令有服藥習慣的Paul自然地變成了他們黏附的好對象。

Paul是家中獨子。他從小便經常目睹媽媽被好賭成性的爸爸家暴，後期爸爸每次賭馬輸錢後都會對他動手，言語暴力更是家常便飯。最後爸爸因一段婚外情而離開了他們。

Paul的媽媽處於一個精神脆弱的狀態，令她未能外出工作。當時只有十五歲的Paul決心照顧媽媽，毅然扛起這頭家。

所以，Paul在中三時輟學，並開始從事有關裝修工程的工作。

亦在那段時期，他結識了很多「江湖中人」，因此得到很多的工作機會，也與這種朋友圈有更深入的連繫，開始過着富裕但糜爛的生活。

對當時的他來説，只要令媽媽的生活過得安穩，他便會罔顧任何風險，甘願為任何人辦事。在這十數年間，Paul的工程事業正處於如日中天的狀態。

可是，突然收到一個噩耗——媽媽患上了第四期的乳癌。

當時Paul花了很多時間及金錢，尋找最專業的醫生為媽媽治療。一年內，Paul的媽媽進行了多次化療，可惜，她最終撒手人寰，離開了疼愛她的兒子。

受到失去摯親的打擊，Paul的生活及心情自此一落千丈，也因而荒廢了事業。

以前，Paul曾於社交應酬時，偶然從朋友身上接觸過興奮劑。在媽媽過身後，藥物逐漸變成了他生活上的唯一倚賴，也藉着它去逃避現實的痛苦。

當我清送那八個靈體後，向Paul匯報整個狀況，原來他都估計自己應該是被靈體騷擾。因為每當他入睡後，耳邊仍然會傳來很多聲音，感覺有如被一班魔鬼圍繞着。我告訴Paul那班靈體不是一次過踫上，而是像「入會」般由一個已黏連著他的靈體向另一些靈體推介他這位宿主，因此黏連靈體的數目逐漸增加。

服用過量藥物而離世的靈魂的意識特別混沌，皆因靈魂仍然殘留著藥物的能量。如果你被它們黏附，你也很難有完全清醒的意識狀態。你們不斷把藥物能量互相輸送，令戒除藥癮變得更困難。

Paul得知後使自己下定決心去戒藥，我亦期待他終有一天會傳來好消息。

第六章 原居民／祖先報夢

1. 我們的遊樂場

上回（4.2檢疫酒店的困獸鬥）提要，我有一個已經移民加拿大的客人Ken。他曾於入住香港檢疫隔離酒店期間遇上靈體時導致上吐下瀉。這個經歷使我意識到他是屬於「敏感體質」的人。

他舉家移民加拿大後又遇上靈異事件。

剛到埗加拿大的首兩個月，Ken和他的太太主要埋首安排小朋友讀書的事宜、考車牌等等。當他們安頓好後，我再次收到Ken傳來的訊息。他終於找到一份理想的工作，我替他感到開心。

怎料，在Ken的首個異地上班日，我又收到他的訊息。我預感那不是一件值得高興的事。

Ken說：「黃小姐，我今日在公司都感到很頭痛，你可否幫我查看我公司會否有靈體存在？」

我即時連結他公司的能量，並從內在視覺看到有一班四至七歲的外籍小朋友，在公司的一個角落快樂地追逐玩耍。

我馬上連結這班小朋友問：「你們會考慮『回去』嗎？」

小朋友們爽快地回答：「不會啊！這裏是我們的遊樂場，我們是不會離開的啊！」我感受到它們散發着天真爛漫的頻率。

它們道出此地方與自身的歷史關係：「這裡本來是一塊空地，我們已經待在這裡很久了。後來，有人開始在這裏興建大樓，並且成為了這間公司。我們知道每天都有很多人在這裡工作，

但我們真的很喜歡在這個地方玩耍，我們不希望離開啊。」

我無奈但理解的回答「我明白了。」那我如何可以幫助Ken？他第一天上班已經感到身體不適，而我其實早已為他的氣場建立了一個「防靈體的結界」。不過以現時的情況來看，面對着這班「小娃鬼」，這個結界的防禦力是顯然不足夠。

我將整個情況如實地告訴Ken:「它們是這地方的『原居民』，並不願意離開。它們的意願是我做清送的首要原則。」

Ken即時回覆:「我明白啊！如果它們真的想留低的話，我們就不要做任何會傷害到它們的事情吧！」

Ken的善良令我極為感動。

身為一個敏感體質的人，在新公司上班首天已受頭痛困擾，而一個最信任的「師傅」告訴自己沒有辦法做清送的時候，Ken竟然選擇與靈體共存。

但我始終要想辦法來解決這矛盾的局面。

我請Ken揀選一些方便隨身攜帶、能放在口袋中或放在銀包裏的小物件，簡單如一個貼紙也可以，總之他能夠每天攜帶。

Ken很快就從家中找到一塊結他撥片。

然後，我在這塊小撥片上注入一系列的能量程式。這些能量是既能夠保護Ken，又不會傷害那班「小娃鬼」。

心想:「大功告成!」我以為事情可以告一段落。

怎料,隔天Ken下班後再次給我傳來訊息。當我閱讀這個訊息時,我是異常震驚。

「我一直把結他撥片帶在身邊,昨天上班時沒有發生什麼特別事,並且感覺良好。可是,今天又感到不適,非常頭痛!」

我連結並檢測Ken的結他撥片,發現只是隔了一天,撥片中的能量已經被完全消耗。我驚訝得目瞪口呆,心想:「這不可能吧!」撥片被注入的不是普通的結界能量啊!

由於體質敏感的Ken每天要跟一班「小娃鬼」共處一室,因此我置入了「清送」的能量到撥片,讓不願回天家的「小娃鬼」自動與他保持距離。

如果要解釋何謂「清送」的能量,首先讓我們了解一下清送的過程。較早前曾提及,靈體要離開是要靠一條純白色的光之通道。

其次是,為什麼有些靈魂會卡住在人間?主因是它們通常對於生前的經歷仍然充滿執着、怨念、不甘、依戀等的情緒,就如佛家所說的「貪嗔癡」。因此,不論中西的超度儀式,重點是要幫往生者、被卡住在人間的靈魂清理放下這些情緒。

每次當我連結靈師觀音菩薩的能量並打開了光之通道後,通道內充滿的是六字大明咒的能量,每個利用這條通道返回本源的靈魂,都能夠被菩薩慈悲的能量洗滌心靈,放下生前的執着。

有時當我目送他們往上離開的時候，眼廉會快速閃過一些他們生前的片段。整個過程其實很短暫。大概兩三秒間便可以送走上萬位的靈魂。

我就是將以上幾項重要的清送元素的能量放到了Ken的結他撥片，但想不到「小娃鬼」消耗能量的速度那麼驚人。

那刻，我沒有馬上回覆Ken。我懷疑這狀況可能超出了我設置結界的技術範圍，於是我唯有向靈師尋求協助。

菩薩回覆：「這個情況就是能量歸零。」

瞬間，我的思考方向由集中於「如何維持能量」逆轉過來到「如何秒速恢復」之上。自動恢復能量的做法我懂的。

設定方法相當簡單，但我內心仍很緊張。因為我擔心隔天又會再收到Ken「上午上班沒事，下班後又頭痛」的訊息。

結果，在這相隔一年多的時間Ken上班時再沒有出現任何狀況。正所謂 "No news is good news"，我們可以放下心頭大石了。

註：
貪嗔癡

一）貪煩惱：人類有佔有和渴求的欲望，因此希望自己的利益比別人多。即使擁有龐大的，人就更不容易滿足，因此便墮進物欲的深淵而無法自拔。

二）煩惱：無論對人對事皆發生不滿和怨恨的思想就是「嗔」。由於固執己見及不能滿足自己的貪欲，起了嗔恨心的人，便會喪失理智，更會傷害別人。

三）癡煩惱：人心愚昧，不明事理就是「癡」。由於不明事理，不應貪的慾望卻盲目地去追求。不值嗔怒的卻衝動躁急，所以「癡」實在是作惡的助緣。

2. 床頭婆婆

疫症已經持續兩年多，期間政府實施了社交距離，禁止了堂食等，因此可以約見朋友的機會亦減少了。就當我以為大家生活都過得沉悶乏味之際，我的舊同學雄仔卻突然傳來好消息，他在疫症期間交了女朋友，很快便宣布了結婚。最近見到他在社交媒體貼出兒子一歲的生日照，我留言祝福後再私訊問候他近況。

原來他近年減少了工作，主要留在家中和太太照顧兒子。後來就談及到兒子有嚴重濕疹，要用到類固醇才可抑止。最近兒子經常發燒，不過情況有些奇怪，兒子在日間相當精神，但一到夜晚便會發燒。而沒有發燒的日子，亦經常在凌晨三點會哭醒。他們夫婦輪流照顧小朋友，雄仔負責「值夜班」，這年來機乎每晚半夜都要起身安撫兒子。

我在聽到他描述兒子發燒問題時，我的內在視覺看到他兒子床頭坐著一個婆婆，我感應到婆婆並無惡意，但就喜歡每晚把頭貼近孩子的面，於是我嘗試連結婆婆。

婆婆說，這間屋被業主買下來後，它就開始「住」在這裡。它看著雄仔夫妻搬進來，看著他們把初生的兒子從醫院帶回來。由於它生前很喜歡小朋友，可惜有不孕症，沒辦法成為母親。當它知道雄仔太太懷了孩子，它便一直期待孩子出世回家。之後就每晚坐在床頭看守著他。

我向雄仔轉述了婆婆的說話。原來這房子是雄仔的親戚移民前買的，丟空近六年，親戚知道雄仔結婚，就租給他們一家。這證實了婆婆是「原居民」的說法。

婆婆一直強調自己只是喜歡小朋友，沒有傷害過他。但我與婆婆對話的時候，雄仔的兒子正在發燒。

我問婆婆:「你願意讓我送你回家嗎?」婆婆點頭,我隨即把她送走了。在婆婆離開後,雄仔的兒子半夜便退燒了,並且罕有地一覺睡到天光。

婆婆臨走前,交代了我要讓雄仔到觀音廟為兒子點一盞星燈,可以保佑孩子健康,前路光明平安。我真心感受到婆婆對雄仔兒子的愛,但靈體的頻率對人類氣場及身體會造成損耗,雖然婆婆出於愛,但畢竟人鬼殊途,最終亦難免變成傷害。

我有另一位身在澳洲的好朋友,她兩歲女兒Emma都出現過類似情況。就是每晚三到四點就無故哭醒,我見到有一對公公婆婆在Emma床邊,但它們是故意弄醒Emma的。因為它們生前有過一對寶貝孫仔女,但在一場車禍中喪生。之後它們的女兒得到抑鬱症,後來更與丈夫離婚。

所以這對公公婆婆,生前已經對親朋戚友的子女能夠過著幸福家庭生活而相當妒忌。晚年時,他們對朋友孫兒的態度及説話相當刻薄。

到往生後,它們仍然放不下失去一對孫兒的傷痛,覺得命運對他們不公平。所以也要令到別人的孩子或孫兒得不到安寧。

我即時清送了公公婆婆。然後朋友問我為何Emma特別吸引靈體,原來之前已經發生過一次。

但Emma不屬於敏感體質。只不過三歲前的小朋友,因為靈魂跟結合肉身的日子尚短,因此和天界(Spiritual World)的連結仍然很深。所以他們的感應力特別敏銳,尤其遇到靈體這種低頻率的騷擾,身體反應會比較大。

3. 祖屋清場事件

「我好驚！真的好驚．好驚！」電話另一邊的阿叮不斷重覆。

當日我起床時一看手機，發現有十個來自阿叮的未接來電，便意會她身上應該發生了大事。當我倆的電話接通後，從阿叮的聲線中感覺她一面驚恐。

我問:「發生什麼事？」

叮:「我今早發了一個惡夢，恐怖得令我從床上掉了下來。」

阿叮慢慢敘述她的夢境:「我夢見我回到西環的祖屋。甫進去，在我面前無故地出現了一個男人。」男人問我:『看不看到？』

我說:『什麼？看到什麼？』

男人:『這間屋有很多靈體存在。』

我:『我真的看不見有任何東西！』

接着，那個男人舉起手，在阿叮面前撥了一撥。霎眼間，就像魔法一樣，阿叮看見整間屋滿佈了灰灰黑黑的靈體，而且樣子甚為恐怖。

在夢境中，原本坐在椅子上的阿叮頓時被嚇到跌在地上。同一時間，她亦從床上滾了下來，便立致電給我。

聽過阿叮的敘述後，我的直覺告訴我，她這個惡夢並不是從她的內在情緒而產生出來。

4. 茅台為記

有一次,我跟朋友小欣去staycation時,原本我倆只是一直在閒聊,小欣突然轉話題:「我最近持續發同一個夢!」

小欣繼續說:「夢裏我看到教我跑步的教練,他不停地嚷着要我去行山。」現實中,小欣有練習跑步的習慣,所以她確實有一位跑步教練。

小欣是一個熱愛戶外活動的人。她不單止有行山,甚至會做跑山訓練。所以她不明白,為何跑步教練要她去行山呢?
由於這夢境已出現了很多次,小欣一直把這個夢牢記在心中。

而當小欣一邊告訴我這個夢境的時候,我的指導靈一邊跟我說:「那是她的祖先。」

於是我嘗試連結祖先給小欣的訊息——我看到小欣的爺爺,就在他自己的墳前。我問小欣:「你是否已有一段時間沒有去拜祭你爺爺?」

小恩很愕然地說:「我爺爺?他在我還未出世時已經離開人世了。」我說:「這不是重點。這幾年來你有沒有去拜祭他?」

小欣:「沒有啊。」我心想: 原來如此!

我跟小欣說:「沒有奇怪事。只是你爺爺想念你啊!」小欣問:「那除了去拜祭之外,爺爺有其他訴求嗎?」

我的內在視覺出現了一個酒瓶。這個酒瓶是中國古代、啡色的、呈壺蘆狀的酒瓶。我直接向小欣轉述這個畫面。

小欣非常驚訝地說:「飲酒?我曾經聽親戚討論過爺爺生前最愛杯中物。」我想爺爺的意思是不要喝啤酒或洋酒,爺爺在指明要中國的白酒。

小欣知道後更感愕然:「長輩整天都在說,阿爺以前就只喝『白乾』!其實我不知道什麼是白乾,只知道那是酒的一種。」

後來我們再去仔細研究,那大概是中國的高樑白酒。小欣說:「沒問題!就買一瓶中國白酒!」

與此同時,爺爺又再傳送一個畫面給我——那酒瓶突然變得很大很漂亮。

「爺爺真懂喝!」我心想。

我笑着跟小欣說:「爺爺不單止要中國白酒,爺爺應該是想要茅台。」

我透過靈擺去確認後,我說:「酒瓶突然變大變漂亮,代表不是一瓶普通的米酒。」小欣聽後感到非常雀躍。她說:「好!過兩天我會去買酒,然後去拜祭爺爺!」

「爺爺再叮囑,你要陪他飲酒聊天啊。」我把訊息轉達給小欣。小欣其實是個很愛把酒言歡的人,簡直是她的強項。

兩星期後,我收到小欣的訊息:

「我今天帶了貴重的茅台去探望爺爺!我告訴他關於我和其他家人的近況、還有我打算生小朋友的事。我大約逗留了

個多小時就離開了。」

小欣請我代為問爺爺，還有沒有什麼需要。

當我連結她爺爺的能量後，看到一個非常滿足的笑容。

爺爺又再回望一下自己的墓碑，彷彿在說:「孫女，有空要再來！當然不少得要帶『白乾』！」這兩個「祖先報夢」的個案，都令我十分難忘。

5. 鄰居討債

在我寫這書的時候，我的編輯團隊其中一位成員A君，在看到這章節的上兩個案件時，突然想起自己有些經常重覆的夢，所以也想我去幫他查看，是不是祖先報夢。

他憶述：「這兩個夢境，其中一個就是我和朋友在一個客貨車中，在途中，我感覺到客貨車有點問題，所以就和朋友跳車逃走，都受了點傷。而背境就是一片像非洲般荒蕪的大草原，我和朋友走動了一段時間，就看到遠處一場爆炸，我就走過去爆炸現場，見到裡面的人都死了，成了碎屍，之後我就嚇醒了，這是我的第一個夢。」

「另一個夢，我在夢中準備睡了，攤開床褥，發現床下有幾具黑黑瘀瘀的死屍。在這幾個月，已經重覆夢過幾次，背景在我現在住的家，也有出現過在我小時候的家。」

「另一件有趣的事，我大伯前一段時間夢到自己陪他爸爸，也就是我爺爺去看醫生，但現實裡我爺爺已經去世多時。而在夢中，他就在醫務所裡不斷繞圈繞圈，像迷了路一樣，直至我出現在他夢中，並成功為他們找到出口，把他們送回家。當回到家中⋯⋯大伯就醒來，他立即為爺爺上香。而大伯這個夢，原來不止夢到一次。所以我猜想會否是爺爺有信息想傳達呢？」

聽完了A君對夢境的陳述，我便向他的爺爺查詢。原來A君和大伯的夢境是有關連的，主要訊息在A君發現一堆屍體的那兩個夢。

爺爺說屍體是A君一家的一班冤親債主。事緣有一世，A君家中漏煤氣引起了火警及爆炸，結果波及到鄰居，連累鄰居一家

當場燒死。那些夢中的屍體，現實中是指他們家中有一班靈體，當中包括被他們意外累死的那家人。它們本來一家四口，但後來把其他的靈體也「邀請」過來，當下A君家中已經「住進」了十多位靈體。我和他們談過，幸好他們都願意離開。爺爺亦希望兒孫們可以為這班冤親債主燒街衣去化解積怨。

另外大伯的夢主要想表達，他們家庭處於困局當中（A君家中的靈體聚集）而只有A君才能帶家人走出困局。即預示A君最終會找出問題並成功解決。

在進行清送過程中，我連結過了兩家人的靈魂，感應到兩家之間存在著一些怨憤，由於A君一家認為他們無心造成意外，所以不願意承認責任，這令無辜的一家更不忿氣，最後須要做額外的儀式為他們進行和解。

第七章 冤親債主

1. 意外滅門

有一日，我收到朋友電話，他說想介紹一個同事過來找做心理治療，情況是他同事在一個月之前開始失眠與心悸，情況日趨嚴重。他朋友本來剛轉新工，但因為失眠影響日間工作表現，逼使他把工作辭了。

他同事很快跟我約了日子見面。就在我和他掛掉電話後，我聽到菩薩的聲音：「這個客人並不是因為情緒問題失眠，而是因為被靈體跟著。」

於是我立刻連結客人，在眼前出現了一家四口。然後，我的內在視覺繼續出現片段，失眠的客人某一世幫朋友上門追收賭債，目標就是這一家人。當抵達門前，嘴邊吸著香煙的他見到走廊地上有幾張報紙，突然心生一計，將報紙拾起包著仍在燃燒的煙頭，從門縫塞入屋裡，他本來打算用煙火嚇一嚇他們，誰知當時屋內所有人都在熟睡中，結果一個煙火把戲釀成一場嚴重火災，屋中四人無一倖免。但兇手卻逃之夭夭……

他們過身後，靈魂一直深深不忿地留在人間。直至月前，「殺手」在某處被「仇家」踩上了。我即時連結那一家人，但它們堅決拒絕離開。我唯有問菩薩娘娘，該怎麼處理這班冤親債主……

隔天，失眠客人準時來到我公司。我簡單問了一些關於他失眠的情況，失眠前生活上有否遇到任何困擾或突變之類。他通通答沒有，就是每晚睡在床上就會開始心悸，無法放鬆進入睡眠。

我表示明白後直接把一切向他說明，重點是經過我與對家談判後，失眠客人需要向它們進行懺悔儀式，並供奉祭品，

它們才會考慮接受清送離開。客人一口答應要求，第二天就把儀式完成。當我感應到它們一家已經收到祭品及懺悔後，它們表示願意接受清送。

三天過後，我再聯絡客人，他晚上仍然失眠。我繼續為他的氣場及身體進行能量清理及修復。直至一星期後，我從他的介紹人口中得知他終於可以正常入睡了。

客人能夠正常地回復生活當然是好事，但其實那個懺悔儀式只不過是業力平衡的起始點。一個滅門的殺業，絕對不可能以一句道歉加些祭品就抵消得了。

因果業力的計算中，最視乎的是意志和動機。這個案主放火的當下並不帶著殺機，但奈何做成了殺人意外。他的靈魂始終需要為所有亡者負責。懺悔只是第一步，但之後的多個來世，這案主仍然有不少事情需要經歷及付出，才得以償還他的業報。

2. 醫療事故

伽伽是一個十四歲的中二學生，亦是一個滾軸溜冰的高手，也有學習射擊。近兩個月，她轉到一間新的溜冰學校，適應著新的老師、環境和隊友。而在轉到新環境不久後，伽伽的雙腳出現了不明痛症，所以被逼暫停了溜冰練習。

伽伽在學校的表現一直向名列前茅，即使近年的上課模式需要在實體與網課間不斷地轉換，但她的學習進度仍然沒有落後。直到香港的第五波Omicron疫情(2022年3至4月)後，終於又再次由網課轉換成實體課。本來一直期待返回學校的伽伽，卻因為每朝在起床上學時，都會出現頭痛，令她在一個月內缺課超過一星期。

伽伽的母親帶她到過不同中西醫生求診，但未有找到病因。媽媽懷疑伽伽可能有情緒病而影響身體，經朋友介紹下聯絡我，希望可以替伽伽做一個情緒評估。

媽媽估計是伽伽在突然轉至一間新的溜冰學院，可能有適應困難，加上出現腳痛問題，令她不能繼續深愛的運動，而累積壓力。有關腳痛問題，其實在轉校前已經出現，伽伽向朋友也經常提及，但感覺自己卻疏忽了，所以懷疑伽伽受一連串問題困擾患上抑鬱症。另外，伽伽在沒有頭痛的日子，就會出現嗜睡。

很快，我見到了伽伽。她是一個性格外向、思維清晰、很願意表達自己內心想法的女孩，當我問到她有關腳痛的問題時，我讓她為痛的感覺評分，由一至十分。她說大概七至八分。

她表示自己每個星期會有幾天放學後需要去進行治療，而路程其實頗遠，腳痛加上書包很重，我問她：「你會覺得太辛苦嗎？」

她輕鬆回答:「其實走慢一點就可以了,也算不上辛苦。」

我感覺她有良好的心理質素,可能是從小受運動員訓練所培養出來的忍耐和堅毅心。

我再問她對腳病的感覺,她如此說: 「雖然未知道發生什麼事,但其實在小時候,也試過發生類似的情況,那時停了溜冰練習休養後就康復了,今次大概也是差不多情況吧。」

另外她說:「其實痛症剛開始時我有告訴媽媽,不過當時痛得不頻密,所以媽媽和我都沒當一回事啦。」

所以伽伽對病情是樂觀的,亦沒有覺得媽媽反應慢了,延誤了她的治療。

之後我們談及夢想(抑鬱症病人通常都某程度失去了期盼將來的心理能力)。

伽伽:「其實我一直有在學習射擊,成績也不錯,所以我想進入港隊啊。」

我:「你覺得機會大嗎?」

然後她向我解釋了射擊比賽的規則及選拔制度,她認為自己目前的成積,要通過港隊的選拔賽仍然有距離,但她會多加練習,希望自己會成功。

至於頭痛問題,她認為醫生應該可以解決。最後我們談及有關成長的深刻經歷等,伽伽也積極分享了幾個愉快難忘 的

第一次會面就這樣完結。基本上我已經排除了伽伽有抑鬱症的可能性。一般情況下，如果有抑鬱、焦慮等傾向的客人來到，我都會提供一份問卷，讓客人對自己身體與情緒作評分。但面對年幼的客人，我會選用輕鬆的對話或讓他們畫畫的方式去建立信任，再觀察留意他們表情、動作及言詞，從中作出評估及分析。

當伽伽離開後，我開始收拾清理公司準備離開，卻突然有零碎的畫面在內在視覺中出現。我見到伽伽某一世是一個外科手術醫生，她正在手術桌上替病人動手術，但期間出現了醫療事故；接著另一個畫面出現，是另一個接受伽伽手術的病人，手術中途又一次發生意外……如是者，類似的畫面出現了三次。然後我見到伽伽出席了多個醫學聆訊，最終她獲判毋須對三宗醫療事故負上責任。然後我向靈師求問，我聽到觀音菩薩的聲音：「這三宗醫療事故，最終病人都無法救回。當時伽伽推卸責任，否認了自己的失誤，而那三個病人一直冤魂不息至今，在半年前開始纏上伽伽，因此引發了各種痛症。」

當晚，我聯絡了伽伽的媽媽，說明及解釋情緒評估的詳情。最後我問及她們有否宗教信仰，媽媽說並沒有。我慢慢把以上事情向她講解，並說明需要進行和解儀式，包括預備祭品給三位債主等。她媽媽表示願意配合進行儀式。

儀式完成後，我透過靈師確認三位債主已收到祭品，也順利達成和解，然後我為債主進行清送，讓它們好好安息。至於伽伽，我替她身體進行了一連串能量上的護理，目前仍在療癒當中。

我有定時跟進伽伽的情況，據她媽媽說，近來身體與精神已經有些好轉了。希望情況會一直持續向好。

3. 滅門之禍端

我的一個學生Felix，就是本書開端為我寫推薦序的那位。除了靈體清送，他亦又跟我學習埃及靈氣，同時亦很積極參加外面其他關於能量或療癒的工作坊。

大概在2022年1月，Felix上了一個「埃及女神ISIS靈氣」工作坊後，他問我有沒有興趣感受一下和埃及女神能量連結的感覺。

我一向相當湧躍於這種師生間的交流，很喜歡學生會把新學到的東西向我分享。而當他為我進行埃及女神能量連結儀式時，就建議同時播放一些埃及的音樂。其實我從來對埃及音樂沒什麼概念，但知道音樂的頻率可以透過共震幫助腦部調第意識狀態。

Felix隨機選播了一首埃及音樂，而我亦開始放鬆身體，準備讓Felix帶領我進入狀態。當音樂開始播放，我慢慢合上眼睛。

就在這個我毫無心理準備的情況下，我內在視覺忽然出現畫面。我見到一張巨型餐桌，我感應到那裡是某個埃及大型建築內的飯廳，畫面內沒有任何人，感覺很冷清。但這種冷清帶著強烈的悲傷感覺，我的眼淚隨即決堤。

畫面慢慢倒退，我看到一班埃及貴族，圍在餐桌歡呼暢飲，似是在慶祝一些什麼。然後下一個畫面，他們飲飽食醉後，倒了在地上不同角落。最後一幕，是個空無一人的大廳，剛慶祝完的人已經不存在，已經不在這個世上存在，他們在慶祝過後全部喪生了。

我回到家後，問我的指導靈究竟在那一世發生了什麼事？我得到的答案是，當時我們整個家族，正在慶祝皇子即將

迎娶新皇妃。

而我就是婚禮中幸運的女主角。然而,我們其中一個親戚,他的女兒與王子算是青梅竹馬。他們那一家人對於我被選中成為皇妃而心生妒忌,繼而在我們的飯菜中下毒,把我們全家都毒死,並假裝成意外。

聽到答案後,我見到那一世的自己,年約十八歲的女孩,面上帶著甜蜜的笑容,準備迎接自己的婚禮。我感覺到這段往事,發生在我靈魂轉世旅程的早段。當時我的靈魂仍然處於幼嫩的年紀。

靈魂的成長和人類其實很相似。都會經過不同的階段而慢慢進化,隨著生活經驗逐漸變得成熟老練。靈魂的成長都會經歷:嬰幼兒,幼稚園、小學、中學、大學等階段。每一個階段都有不同的生命課題需要學習,課題包括最重要的業力平衡。當完成每個階段中的生命功課及考驗之後,靈魂便會「升班」到下一個階段。

而我這段埃及經歷就是發生在幼稚園時期中。這段時期的靈魂都在生活中學習實踐及管理自己的慾望和情緒,而在未達標之前的靈魂,就會被情緒牽引做出嚴重傷害他人的事。但這是每個靈魂成長的必經過程,每對靈魂伴侶,都是經過千生萬世的學習修煉,由廝殺到老變成廝守終身。

幾個月後,就在我差不多完成《鬼話傳譯員》這本書時,我準備了一個儀式向觀音菩薩為此書出版順利祈福。而剛巧同一時間,我有親戚也準備在事業開展新階段,所以我把兩件事合併在同一個儀式內進行。

就在儀式準備開始時，我親戚的指導靈，突然在我的內在視覺出現，說有一些事我需要知道，有一個「人」有話要跟我講。就在我還未消化這訊息時，我的內在視覺出現了一個文質彬彬伯伯，他活像一位智慧老人。他的第一句話「我叫王宛尺」。我恭敬地向他打招呼，然後他就開始說故事。

他曾經有一世是唐朝的丞相，有三個兒子和一個女兒，而在那一世我是同時受聘於他和樞密院長李梁的一位門客老師，他們的兒女都是我的學生。

此時，我的內在視覺開始同步出現了相應的畫面。他繼續說，他的女兒是位皇貴妃，某日被挑選將要成為皇后，而李梁的其中一個女兒亦是宮中得寵妃嬪。他一直視丞相為眼中釘，兩邊黨派一直在鬥爭。李梁認為女兒其實只差一步就能成為皇后，所以開始步處計劃想把丞相隆除，繼而扶植女兒成為皇后。

於是李梁就嘗試收買我去幫助他完成行動。因為我熟悉丞相府內的地理環境，並且認識府中上各人，可以隨意進出丞相府而不被懷疑。計劃是讓幾個人跟隨我混入府中，在井水及飯菜中下藥，讓府內上下暈倒，再製造一場火災偽裝成意外。我是整個計劃中的核心人物，而事成後，李梁答應會把我推薦入宮，有機會成為太傅。當時利慾薰心的我，答應了一切條件。

最後，丞相府上下被滅門。他的女兒因有喪孝在身，所以未能完婚。但李梁的女兒最終並沒有成為皇后。反而我後來攀上了太傅之位。

聽到這裡，我感覺故事情節似曾相識。我轉身問菩薩娘娘，埃及的那一世，是否唐朝這一世的因果業報。娘娘確認了我的想法，丞相府遭受滅門後的我，用了十二世去償還業債，而埃及的那一世是第八世。

而埃及那世我的其中一個表妹就是李梁女兒的轉世，當晚的慶祝她也在場。

我得悉因果業力已經平衡了，我就向王老生説：「我很抱歉我曾經對你所做的事，我還有什麼可以為你做呢？」王老先生一直保持著一副謙謙君子的態度和我説：「沒錯，業力、果報已經完成了，但今次你要為親戚進行事業的祈福，涉及到祖先的福蔭，而你們的祖先和我也有血脈淵源，如果你要動用到這些福蔭去進行加持，我需要額外的和解儀式才會同意。」

我聽到後，也有所理解。因為原諒是一個層次，祝福又是另一個層次。在因果的層面平衡了，靈魂和靈魂間沒有了負能量的牽繫；但祝福，需要靈魂與靈魂之間有足夠的愛才可以做到。

而王老先生説的，所需要做的儀式，是一個實體懺悔儀式。我即時就答應了王老先生的要求，但因為防疫措施，各宗教場所停止開放，所以我答應在日後可以做儀式時，才完成這件事。

後來當防疫措施開始放寬，亦是我為這本書埋稿排稿等，忙得最如火如荼之時。雖然我心裡沒忘記這事，但一直沒能抽出時間完成。

直至這本書完成後，我開始去進行電子出版時，出現了重重困難。例如連最簡單的格式轉檔，至上架審批等，都經歷連串阻滯。就在這個我感到相當氣餒的時候，我突然想起王宛尺老先生，於是我立即去觀音廟做了一個儀式。

就在儀式完成了的當晚，我一個朋友問起我電子書的進度，我向他說明遇到的種種的困難，結果，他用了三十分鐘時間，就把我的問題解決了，這本書也終於在電子書網上了架，第待審批了。

第八章 枉死者

1. 無屍懸案

我有一位任職重案組的朋友,他近年開始修練六壬法門。

由於我一直對道家的神打、奇門遁甲等法科東西都感到興趣,所以近年每次見面,我們都會互相交流「最新靈體驗」。

有一次,他無意中提到警局有幾個靈體,也聽到同僚在警局有些靈異經歷的傳聞,所以就問我可否感應到靈體的身份和故事。

於是我就嘗試去感應那警局的環境能量,我直接說:「應該有三位靈體一直長期留在警局。」

朋友立即問到:「其中一位是不是一個姨姨?」他反應之快令我感到愕然,我當時只感覺到有兩女一男,還未確定他們的年紀。

話畢,我見到那個「姨姨」已經現身在我朋友的身後,我就用眼神向朋友示意「姨姨來了」。接著朋友慢慢向我講解這單陳年舊案件,姨姨也一直站在後面專心地聆聽。

這是一單曾經懸紅多時的失蹤案件,警方一直沒有太多線索,未能尋回屍首。案情是有日「姨姨」和朋友相約到深圳遊玩,直到凌晨才回到各自的酒店休息。當「姨姨」上車回程後,就此人間消失了。

幾天後,她身在香港的丈夫就到警局報案。即使出動了兩地警察調查,但始終沒追查到「姨姨」上車後的下落。

朋友向我講解案情,他想知道屍體的位置,我望著他身後的

「姨姨」，它對我說：「屍體不會再找到，已經長埋在地下了。」

它也透露這是她老公刻意安排的謀殺。

我向朋友覆述，他即時作出反應：「我也記得他老公最後得到保險金……但……」姨姨表示這與保險無關，是因為老公懷疑它對他不忠。

朋友又說：「她老公當時也有懷疑過他的太太在大陸嫖男妓。」然後，我們接著問現在有什麼可以為她做。

它提起多年前在警局留有一個有關她被家暴的案件紀錄，但警方一直沒留意到，同時留下了一個朋友的名字，讓我們可以由這裡重新查找新證據。

不過這案件早已經交由另一隊目負責，朋友答應會和那邊的隊長聯繫，並嘗試重啟案件調查。最後我問「姨姨」：「你願意讓我送你回去嗎？」它迅速答應。

其實「姨姨」多年來一直只在警局不斷發出頻率，希望有人可以繼續調查它的案件，從而為它沉冤得雪。它也只想用法律把他的老公制裁。

我朋友說難怪多年來，此案會突然在腦海中浮現。他總希望有機會為「姨姨」破案。

2. 石棺案

接續前文，我和重案組的朋友繼續談論著警局裡的亡靈。我也感應到一位年青男子，它正等待殺害他的人的判決。

警察朋友立時問：「是不是石棺案的案主？」我感應到，對，就是它了。我記得新聞報導過他被幾個朋友殺害後被封於混凝土內。

於是我嘗試連結它問：「你想要離開嗎？」

通過內在視力，我看到它一臉輕挑的神情，抖著腳坐在一邊，側著身回應我：「我不會走，直至看到他們全部被判罪為止。」

我問警察朋友此案件審訊到何階段，原來已經全部被定罪。因此，案主應該是在等候犯人們刑期上的判決。

我再問它：「那等到判刑後，你需要我協助你離開嗎？」他快速回應：「不必了，我自己有方法離開。」

我有點猶豫的再問：「那……他們判刑前你都會一直留在警局？」

它有點鄙視我的問題：「你放心！我那裡也不會去，只會待在這裡。」顯然它知道我的問題背後是不希望它去騷擾犯人。

這個靈體對我的態度很特別。

首先，它由始至終都散發出一副「我在追劇，別理我！」的姿態，甚至沒有正面看過我，一直只側著身跟我溝通，而且語調不帶情感。

此外，我幾乎感覺不到它有其他情緒。

以我經驗來説，大部份枉死的靈體通常都有強烈情緒，我猜想這個案主可能是經過一些時間的沉澱，變得如此瀟灑脱俗。

而當判刑結果出來後，我再嘗試感應警局的能量，發現它真的離開了。我再問我的指導靈，知道它雖然離開了警局，但仍未離開人間。再一段時間後，我又再向指導靈查詢，知道它已經平安上路，我便完全放心了。

幾年過去，在這段肺炎肆虐期間，我經常待在家中發掘新的YouTube頻道觀看。

有日我被「石棺案」作為主題的影片吸引，按進一個解構奇案的頻道。其實我本身對這類影片有點抗拒。因為多數敘述案情的方法，會包括模擬涉案人之間的對話情節，由於不見得版主他閣下身在案發現場，每句模擬對白卻七情上面，不得不讓我質疑其真實性？

不過這一個偶然發現的奇案頻道，基本上只用法律理據去分析庭上控辯雙方的證據及指控等。我聽案之餘又學會了一些法律知識，最後我認真地看完那條解構石棺案的片段，終於讓我徹底理解到當日為何案主會有如此反應。(由於這涉及主觀感受，所以我不便多説。如果讀者有興趣，可以自己上網查找資料。)

3. 荃灣情殺案

我的重案組朋友所駐的警署內,我感應到的另一位靈體是個
女性,我朋友便立即說:「我知了,它的案件已經審訊完畢,
所有證物剛從律政署移送回來警局。」

我嘗試去連結那位女生,我見到它坐在證物室前,死盯著那
件屬於它的證物。

它不帶一絲情感地給我傳達了訊息:「他們不可以碰這制服,
誰碰了它,我不會放過他!」

我朋友向我解釋:「它遇害的那天是從機場穿著制服回家,所
以那件制服成為了案件的重要證物。自從證物移送回來警局,
接觸過她制服的警員都經歷了靈異事件。」

當時我問她:「我可以清送妳,妳要走嗎?」

它深深不忿地看著制服地說:「我不會走,我要留在人間等
待那個男人死,我才會走,我要看著他怎樣老死!」

它所說的「那個男人」就是對它痛下毒手的前男友。

我明白到對它無計可施,就只好把療癒的能量傳送給它的靈
魂,希望可以減低它的恨意。另一方面,我尊重它的意願,
並且它只會說留在警局看守著它生前的制服。

我意識到它很喜愛生前的職業。由於那件制服仍然佔有它
生前的能量,它不想別人的能量沾污了制服。我向朋友說
傳達了這個訊息,他也表示明白,並且叫其他同僚別碰那件
證物。

其實，我曾經也有留意這宗案件的發生，與它對話之後我查閱網上新聞時發現，他的前男友是被法庭判了終身監禁。

我就在想: 終身監禁要幾十年啊，它真的要等幾十年嗎？我知道沒有辦法說服它，但它的事卻經精在我的腦海裡浮現。

我為它覺得很不值。在業力排行中，「殺業」是最大的業。所以這男人定要用上幾生的時間去補償，才能平衡這生的「殺業」。我希望它能夠早日釋放怨氣回去彼岸，總比留在這裡陪他等死舒服得多。

不過後來，我也慢慢淡忘此事，直至我收到靈師的訊息，要去出版這本書。

當我開始整理各章節的內容時，我都有向靈師確認個案敘事手法。例如: 有什麼背景枝節需要模糊化？以什麼方向寫？

而對於「枉死者」這章節的案情，我格外小心翼翼地處理。

而娘娘當初給我的訊息:「無屍案可以寫，石棺案也沒問題，唯獨是這情殺案件不可以提及制服，以免讓人聯想到它生前的職業，繼而知道是哪宗案件。」

我一直謹記著，直到執筆前，我再次重覆向靈師覆核。

我得到的答案基本沒變，直到提及這案件時，靈師忽然說:「你可以直接說明是空姐制服了。」

我很詫異追問原因。因為我知道不能透露

鬼
話
傳
譯
員

這案件的重點證物,是想要保護靈體案主的身份,不想有立心不良的法師,或好奇探靈的人去騷擾它。然後靈師解釋:「因為它決定要走了,你可以連結它,它有些話想跟你説,然後為她作清送吧。」

我連結到它後,見到它第一次正面望向我:「我知道你一直都有記掛著我。你想起我時,我都有收到你的訊息。」

我很感動:「你離開前需要去探一下家人嗎?」它微笑:「我已經探過了。」

最後它向我留下一些訊息,並叮囑我在適當的時間替她轉達。當我打開光之通道後,它頭也不回地返到安息之處。

4. Hello Kitty藏屍案

香港於1999年發生了一宗駭人聽聞的肢解案。警方根據報案人的口供，陸陸續續在不同地方找到受害人的肢體，喪心病狂的兇徒把受害人的頭顱藏在一個Hello Kitty的娃娃內。

案發當年，身在外國唸書的我仍然記得當日所有唐人街的報紙雜誌封面都是有關這案件，但時日已遠我已不太記得當中的案情。

就在我還未執筆之前，卻偶然地在之前提及的Youtube頻道發現了解構這案件的短片，我心血來潮想了解當中來龍去脈。

首先，這個頻道一向以純法律角度及司法判決原則去講解案情，亦會把重點放在法庭判決時的雙方結案陳詞，法官對陪審團的引導，最後對判決以及判刑的考量點。

但這Hello Kitty案，主持人講述一位有參與及目擊大部份案發過程的女孩，因為她事後不斷夢見受害人纏繞著她說：「把頭還給我，把頭還給我……」。

她精神受到極大困擾，於是向社工傾訴，最後在社工陪同之下向警方報案。

之後，主持人再提及在案件審訴期間出現了相當多的靈異傳說。有人說在審訊期間，看到法庭的燈光不斷閃爍。

而接受審訊的其中一位被告不停說自己受到靈體騷擾，看到法庭上所有人的樣貌也是受害人的樣子。

主持人說自己第一身坐在法庭，並沒看到那些燈光閃爍的

靈異畫面,但被告所見的靈異畫面是否真確就不得而知。

短片讓我越看越感驚訝離奇。

因為這頻道的風格一直提供理性的訊息,但這案件竟然用上了幾個靈異傳聞作為序幕,使我忍不住去問指導靈米高。

指導靈回應我:「夢中不斷索頭的騷擾,被告在法庭上所看到的靈異畫面,全都是真的。」當下令我更想知道受害人最後的日子裏經歷了怎樣的痛苦。

最後,短片給了我全部的答案。然後我突然有個直覺,我問靈師觀世音菩薩:「它離開了嗎?」

靈師:「它一直在監獄內纏著向它下毒手的人,不過它最近終於清醒過來,準備離開。」我:「那……我……」

靈師: 「妳今天看到這短片,也是冥冥中的安排,過去送它吧!」

於是,我嘗試用它的名字去連結它,之後一些畫面就投映在我的內在視覺上。

它的靈魂一直留在監牢內,不斷騷擾那幾個兇手。

晚上進入他們的夢裡,讓夢魔一直纏繞他們,用怨念頻率攻擊他們的氣場,陰損他們的神智和健康。

案中的其中一個兇手因上訴得直而提早出獄。敏儀 (受害人) 並

沒有放過他，隨尾男人出獄，繼續用咒怨去陰損他。

這些畫面讓我相當心酸，雖然明白敏儀生前的經歷，但世事無法超脫業力法則，宇宙追求因果平衡。即使她不留在這裡，也會等到正義來臨，業力之神定必向行兇者清算。

之後，我就問它是不是已經準備好要走了。

我的內在視覺看到它當時的狀態，它在監房瑟縮一角。這些年，它因不斷報復，靈魂已經疲憊不堪。

它說已經準備好離開，但我出於好奇，問它為什麼會作出這個決定。

它就說，早兩個月看到觀音娘娘顯靈，並且眼前出現一道靈光，然後聽到有把聲音說: 它有另一條出路。

當時它感覺到，也許是時候回家了。

考慮了一段時間，最後它向觀音娘娘說:「我明白了，請給我指引回去的路。」

最後，我向靈師回報清送已完成。

並問及有關顯靈的事。

原來敏儀生前有拜觀音，累世亦和觀音菩薩多次結緣。

而最令我詫異的是，原來我和敏儀在前世有過些交集，所以

靈師認為我適合為它清送。寫到這裡時，我心血來潮地去連結敏儀。

看到它在治療之地露出了微笑。

我和它分享了有關這章節的內容，它同意公開案件的所有細節。然而，它說有些訊息希望我寫出來，其實聽完後都有所猶豫……在案件審訊中，曾經出現一個關於敏儀死因的商確點。

辯方曾引用證人說：其實敏儀在臨死前，一直被禁錮在房間，期間敏儀偷吃了屋主的冰毒，但事後被發現只好把未經燃燒的冰毒都吞在口裡。

因此，屋主毒打敏儀，而報案人亦目擊到這一幕，同時知悉她偷吃冰毒。敏儀被毒打後，出現疑似服食過量毒品的抽搐反應，不久後便斷氣。

辯方曾一度以此為論點，想證明敏儀可能是死於過度吸食冰毒，從而讓兇手脫罪。敏儀向我承認她有做過這事，但那些毒品並不足以令她喪命。

其實當時她被毒打，引致內臟微絲血管破烈，加速了冰毒在身體的運作。所以斷氣前曾一度出現OD（過量服藥）徵狀。

但它想要澄清: 冰毒或誤殺都絕非它的死因，它是被謀殺。

解脱

第八章 枉死者

第九章 鬼仔

1. 替人撈偏的孩童

最近，我任職重案組的朋友由荃灣區調到了另一區工作。

遇上命案發生時，他都會私下問我，死者的靈魂是否已離開、如何幫到死者，所有訊息我都會代為轉告。

幸好他現在駐守的區域一直都沒有凶殺案發生，唯獨有一宗案件令我印象深刻。

有一晚，我正在吃飯的時候收到這位重案組朋友的訊息。他轉發了一宗即時新聞，標題是：一名年青人懷疑服藥後墮樓身亡。

朋友說他正趕往現場，其他隊員已進入死者的單位調查，並發現在單位內有一個祭壇，估計死者生前應該是有「養鬼仔」。

於是我連結了案發地點確認了死者的靈魂已經順利「出境」，回到「家鄉」。

然後當我打算安心繼續晚飯時，我突然聽到靈師的聲音。指示我去跟單位內那隻被收養的鬼仔進行溝通。我對此有點驚訝，也感到不解。不過，我也按照靈師的意思去辦事。

連結上後，我感應到一個外貌和說話聲音頻率也似七歲左右的小朋友。我先問它與死者生前的關係。

鬼仔告訴我他們的故事：

死者生前是個毒販，經由法師收養了鬼仔，主要協助死者

做生意。它曾幫死者完成一筆大買賣，可是死者從來沒有好好供奉它，連道謝一句都沒有，基本上把祭壇當作裝飾放在一旁。

同時間，我朋友從死者太太協助調查時確認了死者收養了鬼仔，並說他的丈夫自從養了這隻鬼仔後，便開始萌生尋死的念頭。

對於這點，鬼仔向我坦白交代:「是的，我本來就很厭世，所以當死者收養了我之後便被我的能量所影響。」

然而，鬼仔立即澄清:「他墮樓與我無關。因為他沒有供奉我，所以我亦沒有再在工作上幫他。我真的沒有做過任何事情令悲劇發生！」

我感覺到鬼仔是非常認真。我相信它。

但我心理治療的「職業病」發作，並問鬼仔:「你看來只是一個七至八歲的小朋友，為什麼你會厭世？」

鬼仔回答:「我過身之前並不厭世，我是死後才有這感覺。」

它繼續說:「我一直觀察你們生活，發現做人好痛苦。人生要經歷很多的疾苦！所以我選擇留下。我不要再輪迴做人，不要回來受苦。」

那一刻，我跟鬼仔說我能夠理解他的想法。

但是，鬼仔開始激動起來:「不過這次事態嚴重！因為收養我

的『爸爸』離世，而這間屋是租回來的，即是説業主很快收回單位，並拆去祭壇重新裝修。祭壇一旦拆去，我就不能離開，一輩子都要留在這間屋內！」

我問鬼仔:「那你想離開嗎？」

鬼仔顯得更激動:「現在已不到我選擇。如果我現在不離開，我永遠要留在這裏！」

即使我內心頓時緊張起來，但我説:「好的。不過我還在吃飯，你等一等我，好不好？不用擔心！總之，姐姐很快會再找你。」

我極速吃過飯後，立即再次連結鬼仔。我問他:「你準備好了嗎？」

鬼仔:「可以了。」

我向鬼仔提出:「但在你離開之前，其實我有些東西想了解，就當互相幫忙吧，好嗎？」

我告訴鬼仔，我一直對於黑魔法、養鬼仔的過程都充滿好奇，很想了解箇中原理，但奈何詢問無門。

然後，鬼仔把自己如何成為「鬼仔」的故事娓娓道來。

鬼仔於一九三零年的一次意外滾下山坡而不幸過世，他當時只有七歲。

我心想：剛才我還自稱「姐姐」，原來他離世時連我爸爸還未出世⋯⋯它明明就是個爺爺！

起初，鬼仔抱着貪玩的心態一直留在人間。覺得作為一個靈體，感覺自由自在。但日子久了，他去觀察人類的生活，看着他們經歷生老病死，慢慢了解到人生是所為何事。

鬼仔認為人生都是充滿苦難，有着許多劫數，慢慢地產生出厭世的感覺。而一直生活得自在的他從來沒有想過要當「鬼仔」。

直至近年，他原本還在生的親人經已全部離世回到「鄉下」團聚，所以在凡間已沒有人記得他，更不再有人為他供奉燒香。他完全失去了存在感。

恰巧他見到有法師「登廣告」，招聘靈體協助法師的客人工作。他覺既可有個「家」，有人供奉自己，又可以獲得祭品或禮金，何樂而不為呢？

鬼仔也告訴我，現時在人間的黑魔法實在非常盛行，例如來歷不明的佛牌、和合法事等。其實很多人找法科師傅幫忙時，他們根本不知道那些師傅背後所用的方法。鬼仔解釋，那些師傅本身需要連結邪靈，但邪靈不會「落手落腳」去完成任務，這時候就需要靈體協助。

鬼仔說，基本上每天都有大量類似的招聘廣告出現，向靈體提供「工作機會」，短暫地為邪靈或法師做一些任務來換取「快錢」。

聽到這裏，我大約了解到整件事的基本原理。

我非常感謝鬼仔現身說法，以第一身角度向我解說他所知的
黑魔法的運作。最後，我亦順利地把「鬼仔爺爺」送返
「鄉下」與家人一家團聚。

2. 老千婆婆

Ben是我其中一位學習靈體清送的學生。

有日他跟我討論是否能夠連結未來伴侶的靈魂。

我認為是絕對可以的，但連結的意圖是什麼呢?

Ben:「我也不知從何說起……」

原來Ben最近經常跟一位外表像「婆婆」的靈魂溝通。

「婆婆」聲稱是他未來太太的祖先，亦是她太太靈魂的指導靈。

而更戲劇性的是「婆婆」向Ben透露了它的孫女的名字，即是Ben的未來太太。

我嘗試猜:「三上悠亞?哈哈哈!」

Ben同時大笑起來:「你怎麼猜到是個名人?」

我:「因為我聽過類似的案情。」

Ben很愕然:「其實我半信半疑，但想不到婆婆騙我的動機……」

然後Ben說出了一位女演員的名字。

我「吓?吓?吓?」了三聲

Ben:「連你都覺得難以置信呢?」

於是我問我的指導靈有關「婆婆」的身份，而得到的答案是－欺騙者。

然後我嘗試從「阿卡西紀錄」內搜查，結果得知Ben和那個女演員從來沒有所謂的「夫妻Karma」，意即連戀人關係都沒有發生過。試問今世又怎會成為夫妻？

Ben説:「因為我從來不覺得婆婆所説的孫女吸引，所以我才覺得事情有點蹺蹊。」

我:「婆婆根本不是什麼指導靈，只是一個靈體而已。」

同時間，我在「阿卡西紀錄」內見到一件更驚為天人的事。

原來某世中，「婆婆」曾經是Ben的情人。

Ben極之苦惱，完全搞不清所為何事。

然後我連結了「婆婆」，她知道自己被拆穿，爽快直認一切都是迷惑Ben的招數。

「婆婆」是替法師做事的鬼仔，最近的主要任務是要為那個「孫女女明星」加持人氣及財富。

「婆婆」意圖迷惑Ben用金錢或行動上支持女演員，但我仍然想搞清楚來龍去脈。因為不是每個人都像Ben一樣擁有通靈能力。那「婆婆」怎樣迷惑其他目標人物？

但「婆婆」拒絕回答我。

Ben終於忍不住問「婆婆」:「我們曾經是情人,你為什麼要害我?」「婆婆」答:「你是個壞情人。」

然後我問「婆婆」要回本源嗎?

她堅決拒絕:「人生太多失望與欺騙!我現在比做人幸福很多。」之後,我們都再連結不了「婆婆」。Ben請我查看一下他作為「壞情人」的那一世到底發生什麼事。

話說某一世的Ben是英國的富家公子,「婆婆」是他公司的其中一個女秘書,Ben一邊追求「婆婆」,卻一邊隱瞞自己已有未婚妻。「婆婆」跟Ben成為了戀人不久後,有一天從新聞得知Ben將要結婚,因此她傷心欲絕地跟Ben分手。

Ben得知故事後感到愧疚,是他欺騙人在先。原來是個報應。於是我傳送了能量去療癒他們之間的關係亦替Ben轉達歉意及提出和解。事隔一個星期後,「婆婆」突然又再在Ben面前現身。

Ben説「婆婆」接納他的和解請求。

然後Ben提出為「婆婆」進行清送,他打開光之通道,「婆婆」離開時留下一句「下世再見!」我知道後替Ben感到欣慰。

Ben:「我有禮物送給妳。」

我:「嗯?」

Ben:「我幫你問了你很想知的問題。」

原來那個女演員在朋友介紹下去找師傅，本意求事業順利，人緣興旺。

誰知師傅幫她做了「人緣咒」及「金錢咒」，並派「廣告」招攬大量靈體幫手放咒。

我跟靈師觀世音菩薩討論，這女演員個情況會引發什麼業力？

因為業力的計算在於意圖，但女演員沒有意圖用黑魔法去加持自己的人氣及財運，因此她對法師一切操作懵然不知。

靈師説:「她需要面對不問前因後果做事的課題。她貪圖多一個庇佑，所以就是貪業的果報。」

在十多年前，我有朋友在台灣遇過類似的騙局。

但行騙的是個法科師傅，他能替信眾開天眼，透過一些畫面令他們相信將來的另一半是當紅的男/女明星，再叫信眾合作投資美容生意。

師傅是有目標地挑選信眾，再加上花言巧語，聲稱與他們緣份特別深厚，可以向他們免費提供一些平時需要收費的服務，例如「開天眼」。

當年我的朋友遇上了這個師傅。

師傅替他開天眼，讓他看見前世未來，他甚至看見未來

的太太將會是某個紅遍港澳台的女明星。接下來，引誘我朋友與其他被挑選的信眾合資做生意。

而那個師傅當時亦真的認識某一些女明星，更能邀約她們出席與信眾的飯局，令整件事的可信性及像真度即時提高了。

當然，一同出席飯局的女明星以為只參與一場普通的朋友飯局，卻不知背後是一個騙局。最後，信眾「課金」後，那個不分段老千師傅便銷聲匿跡了，令我的朋友欲哭無淚，申訴無門。

註:

《阿卡西紀錄》又叫「生命之書」或「靈魂資料庫」。

如果用最貼近生活的語言去演繹，

《阿卡西》就是宇宙中一個不斷擴展的雲端系統。每個靈魂由第一次展開有意識的生命旅程開始，他在宇宙間的每一個想法、感受、說話、動作，都會同步上傳到這個《阿卡西》雲端系統。

當中所保存的紀錄能穿越時空，直到永遠。

在《阿卡西紀錄》裡，記載著每個靈魂的過去、現在及無數個可能發生的將來。

終章

終章

由兩個月前接收到靈師觀世音菩薩的建議，想我把過去的靈
體清送個案結集成書。

於是我便開始組織大綱，編排章節，將個案內容分類。很感
恩上天讓我遇上一拍即合的編輯、校對、封面設計，使這本
書能夠飛快地面世。

在我落實會首先以電子書形式出版《鬼話傳譯員》後，我再
跟一位出版社朋友商討有關出版實體書的安排。

由於我沒有出版實體書的經驗，因此朋友向我耐心地講解了
一些出版市場的資訊，好讓我作出客觀全面的分析。

尤記得他其中的一句「其實坊間有好多靈異故事書籍……」
那刻我才猛然醒覺自己一直沒有把《鬼話傳譯員》定位做靈
異故事書。

靈師的意願是希望靈體及靈異事件不要再被主觀定義為「恐怖」及「污糟嘢」，原意是盼望每位有緣讀到《鬼話傳譯員》的讀者能夠對靈體的存在有個嶄新的理解。它們不過是有心病又迷失在回家路上的靈魂。

靈師也同意向大眾公開靈體清送的整個過程，是免得「故作神秘」。清送過程只是讓靈魂釋放出生前死後一直受困著的情緒，然後讓靈魂回到屬於它們的地方而已。

我從事多年心理治療令我見過不少個案。與其認為鬼魂驚耳駭目，不如說人心中的「魔」其實比「鬼」更恐怖。鬼魂不會像電影或故事情節般經常做出令人困擾不安的事，反而人的心魔會耍機心、陷害人、剝奪人，從而得到世間上的利益。

如果世界多點愛和祝福，如果利他主義得以抬頭，如果溝通背後只得同理沒有批判，相信「魔」與「鬼」都會在世上隨之消失。

謝言

首先我由衷感恩靈師觀世音菩薩，《鬼話傳譯員》只用了個半月的時間便順利面世。雖然在過程中遇到心理及現實中的障礙，但靈師都逐一為我解決。我能夠有幸在此庇蔭下完成這本書，是我畢生的榮幸。

另外，在彼岸休息中的家母，感激妳仍然對我不離不棄，成為了我的指導靈，繼續支持我的人生及夢想。這是一份不能言語的愛，妳永遠是我今生最珍重的人。

此外，由知道我要出版《鬼話傳譯員》及《靈魂輪迴研究所》，邵美君小姐都一直給予我信心和支持。我感恩我們今生的重逢。由「從前」到今天，妳都是我最景仰的人。

最後，沒有書裡書外的每位案主、SamSam、Felix及其他每位學員，便沒有《鬼話傳譯員》。

在如此緊湊的時間下，我的出版團各司其職地為《鬼話傳譯員》提供了專業及超額的付出，感恩你們的貢獻滋養了我和每位讀者的靈魂。

出版團隊及聯絡

作者: 沁而
出版人: Nathan Wong
編輯: 九妹 / 紫秤
校對: Lee Cheuk Him Marvin
文字排版: Rocky Kong@One Productions Advertising
封面設計: Rocky Kong@One Productions Advertising

出版社: 筆求人工作室有限公司
出版社地址: 觀塘偉業街189號金寶工業大廈2樓A15室
發行: 泛華發行代理有限公司
發行商地址: 將軍澳工業村駿昌街7號星島新聞集團大廈
印刷商: 佳能印刷製品有限公司
印刷商地址: 黃竹坑道44號盛德工業大廈5字樓D室

國際書號: 9 789887597605
版次: 本書為《鬼話傳譯員》增訂版
初版日期: 2022年7月
定價: HKD$118

沁而工作室聯絡: IG@themessage1313
FB讀者群組: @鬼話傳譯員讀者群組
歡迎港澳台及海外讀者朋友加入。
如讀者對本書有任何意見，歡迎私訊或留言。

衷心感謝您們對《鬼話傳譯員》的支持！

筆求人
Seeker Publication